Bibliografische Information der Deutschen Nationalbibliothek:

Die Deutsche Nationalbibliothek verzeichnet diese Publikation in der Deutschen Nationalbibliografie; detaillierte bibliografische Daten sind im Internet über http://dnb.d-nb.de abrufbar.

Impressum:

Copyright © 2014 ScienceFactory

Ein Imprint der GRIN Verlags GmbH

Druck und Bindung: Books on Demand GmbH, Norderstedt, Germany

Der Wunsch nach dem Tod. Zur ethischen Vertretbarkeit von Sterbehilfe.

Christoph Staufenbiel (2011): Sterbehilfe – Ein Spannungsverhältnis zwischen Moral, Recht und Religion ... 6

Vorwort ... 7

Einleitung ... 8

Begriffsbestimmungen und deren Abgrenzung zueinander ... 9

Unterschiedliche Positionen zur Sterbehilfe und ihre Argumentation ... 12

Das moralische Dilemma der Sterbehilfe am Fall von Ramón Sampedro ... 17

Legalisierung aktiver Sterbehilfe – ein Versuch eines Lösungsansatzes ... 19

Fazit ... 20

Literatur – und Quellenverzeichnis ... 22

Thomas Must (2007): Sterbehilfe. Das Recht auf einen moralisch gerechtfertigten Freitod ... 25

Einleitung ... 26

Zum Vorverständnis ... 27

Das Recht zum Freitod ... 30

Mögliche Contra-Positionen und Missverständnisse ... 36

Fazit: Das Recht freiwillig zu sterben ... 40

Literaturverzeichnis ... 42

Maria Röttger (2009): Beihilfe zum Suizid und aktive Sterbehilfe im Kontext von Menschenwürde und Autonomie. Eine Auseinandersetzung auf praktischer, ethischer und theologischer Ebene ... 44

Einleitung ... 45

Begriffsbestimmungen und Rechtsgrundlagen ... 49

Praktische Umsetzung ... 54

Soziale Einflussfaktoren ... 59

Ethische Argumentationen ... 67

Theologische Aspekte ... 84

Konsequenzen für Medizin und Pflege ... 95

Fazit ... 103

Literaturverzeichnis ... 110

Abkürzungsverzeichnis ... 118

Helmut Kaiser (2001): „Sterbehilfe" in Langzeitpflegeinstitutionen. Überlegungen zur Beihilfe zum Suizid aus theologisch-ethischer Perspektive 120

    Das Vorgehen 121

    Problem- und Situationsanalyse 122

    Argumentationsmodelle, Begründungen, Verhaltensalternativen 127

    Urteilsentscheid... 152

    Zusammenfassung oder die Forderung nach Evaluation, Kritik und Mitbestimmung.. 168

Christoph Staufenbiel (2011): Sterbehilfe – Ein Spannungsverhältnis zwischen Moral, Recht und Religion

Vorwort

„Ramón träumt sich ins Meer, taucht ein und unter, wann immer es ihm die Fantasie erlaubt. Denn er liebt das Meer, auch wenn es ihm fast das Leben nahm. Vor 27 Jahren hatte er einen Unfall, als er in dieses Meer sprang – seither ist er querschnittsgelähmt, ist sein Körper gestorben. Und seit 27 Jahren möchte er, dass auch sein Kopf sterben kann. Aber für den Tod würde er Hilfe brauchen (…)."[1]

Das Schicksal von Ramón Sampedro basiert auf einer wahren Geschichte und wurde im Jahr 2004 verfilmt. Ramón Sampedro ist seit 1968 querschnittsgelähmt und an den Rollstuhl gefesselt. Er lehnt diesen jedoch strikt ab, da er mit diesem Hilfsmittel nicht leben kann. Er ist entschlossen zu sterben, er möchte sterben, aber er darf nicht.[2] Seine Sehnsucht nach dem Tod formuliert er in einem seiner Gedichte. „Ins Meer hinein, ins Meer, in seine schwerelose Tiefe, wo die Träume sich erfüllen und Zwei in einem Willen sich vereinen, um zu stillen eine große Sehnsucht".[3]

Mehrere Jahre kämpfte Ramón Sampedro vor spanischen Gerichten darum, aus dem Leben scheiden zu dürfen, doch 1993 verliert er den Prozess. Seine Familie weigert sich, ihm beim Sterben zu helfen. Erst im Jahr 1996 lernt er Ramona Maneiro kennen, die auf seine Anweisung eine Wohnung mietet und am 12. Januar 1998 Ramón hilft, mit einem Strohhalm aus einem Glas Wasser versetzt mit Zyankali zu trinken. Seinen Tod ließ er mit einer Videokamera dokumentieren. Nach fast dreißig Jahren gefesselt an das Bett starb er qualvoll.[4]

Wäre es nicht sinnvoll aufgrund der Umstände, den Wunsch von Ramón Sampedro, sterben zu wollen, zu berücksichtigen, um ihm einen würdevollen Tod ohne Schmerzen zu ermöglichen? Welche Argumente

---

[1] Userkritiken und Wertungen. Online im WWW unter URL: http://www.filmstarts.de/kritiken/38281-Das-Meer-in-mir.html [Letzter Zugriff: 09.03.2011].

[2] Vgl. Userkritiken und Wertungen. Online im WWW unter URL: http://www.filmstarts.de/kritiken/38281-Das-Meer-in-mir.html [Letzter Zugriff: 09.03.2011].

3 Brachmann, 2005, o. S. Online im WWW unter URL: http://www.berlinonline.de/berliner-zeitung/archiv/.bin/dump.fcgi/2005/0309/feuilleton/0002/index.html [Letzter Zugriff: 09.03.2011].

[4] Vgl. ebenda.

sprechen dafür und welche dagegen? In nachfolgenden Abschnitten dieser Modularbeit soll auf diese Schwerpunkte eingegangen werden.

Einleitung

Das Thema der Sterbehilfe ist ein hoch aktuelles, brisantes und sehr sensibles Thema. Was passiert, wenn solch ein Schicksalsschlag wie von Ramón Sampedro das Leben derart verändert, dass der Wunsch von unheilbar kranken Menschen oder gelähmten Menschen geäußert wird, sie durch den Tod zu erlösen? Es ist sehr schwierig nachzuvollziehen, dass jemand freiwillig den Wunsch äußert, sterben zu wollen, wenn man als Angehöriger oder als außenstehende Person nicht direkt betroffen ist.

Der Verfasser verfolgt mit der Auseinandersetzung mit diesem Thema das Ziel, dass der Leser für das Thema der Sterbehilfe durch einen authentischen Fall sensibilisiert wird und die Möglichkeit bekommt, die Sterbehilfe aus einer objektiven Sicht zu betrachten, um am Ende eventuell für sich persönlich zu entscheiden, ob aktive Sterbehilfe legalisiert werden oder verboten bleiben sollte.

Bewusst steht der Titel der Modularbeit: *„Sterbehilfe – Ein Spannungsverhältnis zwischen Moral, Recht und Religion"* für die unterschiedlichen Positionen der Sterbehilfe, Befürworter und Gegner, die sich auf die moralischen, rechtlichen und religiösen Aspekte stützen.

Um einen Einblick in die Thematik zu ermöglichen, gliedert sich die Modularbeit wie folgt:

Im zweiten Abschnitt wird eine Auflistung von Begriffsbestimmungen und deren Abgrenzung zueinander aufgeführt, um einen Überblick über die einzelnen Begriffe zu geben, die mit dem Thema der Sterbehilfe einhergehen. Dieser Schritt ist erforderlich, da durch ihn eine theoretisch fundierte Diskussion im späteren Verlauf der Modularbeit gestützt werden kann.

Des Weiteren werden unterschiedliche Positionen hinsichtlich der Sterbehilfe dargestellt, die es dem Leser ermöglichen sollen, das Thema aus mehreren Blickwinkeln zu betrachten. Im vierten Abschnitt wird das moralische Dilemma der Sterbehilfe am Fall von Ramón Sampedro dargestellt und mit Pro- und Contra-Argumenten begründet und diskutiert. Im nachfolgenden Abschnitt wird unter der Berücksichtigung der theoretischen Erkenntnisse der Versuch unternommen, Lösungsansätze zu präsentieren, wie in Zukunft mit dem Thema Sterbehilfe umgegangen werden könnte. Zuletzt folgt das Fazit mit persönlichen Feststellungen und Kritikansätzen zu dem Thema.

Begriffsbestimmungen und deren Abgrenzung zueinander

Häufig wird bei Sterbehilfe von Tötung und sogar von Mord gesprochen. Daher erfolgt in diesem Abschnitt eine Abgrenzung der Begrifflichkeiten zueinander, die mit der Sterbehilfe in Kontext gebracht werden, sowie deren Begriffsbestimmung. Dieser Vorgang ist notwendig, um die richtige Verwendung der Begrifflichkeiten im Verlauf der Modularbeit zu gewährleisten und um eine sachliche Diskussion zu ermöglichen. Daher gilt es an dieser Stelle zu klären, was unter den Begriffen Mord, Totschlag, Tötung auf Verlangen, unterlassene Hilfeleistung, aktive, passive sowie indirekte Sterbehilfe und Sterbebegleitung zu verstehen ist.

Unterlassene Hilfeleistung

„Der Tatbestand der unterlassenen Hilfeleistung ist eine Straftat im Sinne des Strafgesetzbuchs."[5] In §323c StGB werden die Voraussetzungen für diesen Tatbestand geregelt, dass „jeder Mensch dazu verpflichtet ist, einem anderen Menschen in einer Notlage Hilfe zu leisten."[6] Oftmals wird dieser Begriff insbesondere mit Verkehrsunfällen in Verbindung gebracht, wobei ein Mensch einem anderen Menschen keine Hilfe anbietet, obwohl dies erforderlich ist. Dazu kann es reichen, dass der Helfer die Polizei sowie den Notruf verständigt und den Unfallort absichert. Die unterlassene Hilfeleistung kann dabei vorsätzlich, aber auch nicht vorsätzlich sein.

Tötung auf Verlangen

„Ist jemand durch das ausdrückliche und ernstliche Verlangen des Getöteten zur Tötung bestimmt worden(...)"[7], so wird nach Tatbestand aus dem §216 StGB von Tötung auf Verlangen gesprochen. In Deutschland

---

5 Schmidt, u.a., 2009, S. 120.
6 Schmidt, u.a., 2009, S. 120.
7 STGB. Juristisches Informationsdienst, Tötung auf Verlangen. Online im WW unter URL:http://dejure.org/gesetze/StGB/216.html [Letzter Zugriff: 09.03.2011].

sind diese Regelungen strikt festgeschrieben. Wenn eine Person A beispielsweise in die Tötung einwilligt, darf eine andere Person B diese Person A nicht töten. Der Person B würde, im Fall einer Tötung von Person A, vorsätzlich handeln.

Totschlag

Totschlag ist ein Strafbestand aus dem §212 StGB und definiert sich wie folgt: „Wer einen Menschen tötet, ohne Mörder zu sein, wird als Totschläger mit Freiheitsstrafe nicht unter fünf Jahren bestraft."[8] Der Totschlag erfolgt affektiv und nicht wie bei einem Mord durch Mordlust.

Mord

Mord ist ein Strafbestand aus dem §211 StGB. Als Mörder wird eine Person bezeichnet, wenn diese „aus Mordlust, zur Befriedigung des Geschlechtstriebs, aus Habgier oder sonst aus niedrigen Beweggründen, heimtückisch oder grausam oder mit gemeingefährlichen Mitteln oder um eine andere Straftat zu ermöglichen oder zu verdecken, einen Menschen tötet."[9] Ein Mörder handelt vorsätzlich und aus niedrigen Beweggründen. Ein Mörder plant daher eine Tötungstat und handelt nach grausamen Methoden.

Aktive Sterbehilfe

Nach Arndt ist die aktive Sterbehilfe „das Töten von Patienten wird durch einen aktiven, nicht gebotenen medizinischen Eingriff gezielt verkürzt oder beendet. Dies geschieht aus Mitleid, um weiteres Leiden zu verhindern (...). Eine gezielte Tötungshandlung ist in Deutschland verboten und als Tötungsdelikt strafbar."[10]

Charakteristisch ist hierbei, dass es um die gezielte Tötung und das gewollte Beenden des Lebens eines Patienten geht. Der Vorgang wird vom Arzt vorgenommen und kontrolliert.

---

8 STGB. Juristisches Informationsdienst, Totschlag. Online im WWW unter URL: http://dejure.org/gesetze/StGB/212.html [Letzter Zugriff: 09.03.2011].
9 STGB. Juristisches Informationsdienst, Mord. Online im WWW unter URL:http://dejure.org/gesetze/StGB/211.html [Letzter Zugriff: 09.03.2011].
10 Arndt, 2005, S. 34.

Es werden dabei die freiwillige aktive Sterbehilfe und die unfreiwillige aktive Sterbehilfe unterschieden. Die freiwillige aktive Sterbehilfe erfolgt aufgrund eines Einverständnisses des Patienten, der dazu in der Lage ist, sich schriftlich oder mündlich zu äußern. Die unfreiwillige Sterbehilfe erfolgt nicht aufgrund eines Einverständnisses des Patienten, da der Patient nicht mehr in der Lage ist, aufgrund eines schlechten gesundheitlichen Zustands sich zu äußern.[11]

Passive Sterbehilfe

„Passive Sterbehilfe ist das Unterlassen oder Beenden von außerordentlichen lebensverlängernden Maßnahmen bei sterbenden Patienten. Dies ist nach deutschem Recht straflos."[12]

Die passive Sterbehilfe zielt demnach darauf ab, lebensverlängernde, künstliche Maßnahmen zur Erhaltung der Lebensfunktionen des Patienten zu beenden. Die passive Sterbehilfe erfolgt, wenn keine Aussicht auf Heilung besteht. Rechtlich ist diese Art der Sterbehilfe legitimiert, wenn der Patient vorher sein Einverständnis abgegeben hat.[13] Dieses Einverständnis wird auch Patientenverfügung genannt. Die Bundesärztekammer hat im Gesetzesantrag im Jahr 2006 beschlossen, dass die passive Sterbehilfe im Einzelfall vertretbar ist.[14]

Indirekte Sterbehilfe

„Die indirekte Sterbehilfe umfasst therapeutische Maßnahmen im Bereich der Symptomkontrolle, die den Sterbeprozess für den Patienten erleichtern. Sie haben Nebenwirkungen, die eine Lebensverkürzung nach sich ziehen. Diese ist jedoch nicht das Ziel der Maßnahme, wird aber in Kauf

---

[11] Vgl. Giesen, 1992, S. 18.
[12] Arndt, 2005, S. 33.
[13] Vgl. Sterbehilfe und Euthanasie. Online im WWW unter URL: http://www.uwenowak.de/arbeiten/sterbehilfe.xhtml [Letzter Zugriff: 05.03.2011].
[14] Vgl. Gesetzesantrag der Länder Saarland, Thüringen, Hessen. Online im WWW unter URL: http://www.bundesaerztekammer.de/downloads/gesetzesantrag_sterbehilfe_230-06.pdf [Letzter Zugriff: 05.03.2011].

genommen (z. B. Schmerzbehandlung mit der Folge einer Atemdepression)."[15]

Im Zentrum der indirekten Sterbehilfe steht dabei die Schmerzlinderung des Patienten, um dem Sterbenden unter humanen schmerzfreien Bedingungen das Sterben zu erleichtern. Dies erfolgt mithilfe von Medikamenten. Die Verkürzung des Lebens des Patienten wird dabei in Kauf genommen. Indirekte Sterbehilfe ist straflos und in Deutschland immer mehr verbreitet.

Sterbebegleitung

„Sterbebegleitung heißt vor allem, den Weg des schwerkranken Patienten durch seine physischen und psychischen Schmerzen zu begleiten und zu lindern – für ihn da zu sein und den Prozess des Sterbens mitzugehen und aushalten zu können."[16]

Es geht darum, den Patienten in der Phase des Sterbens zu unterstützen. Die Sterbebegleitung ist für Ärzte und das Krankenhauspersonal verpflichtend. Weiterhin unterstützen meist Familienangehörige den Sterbenden. Es ist aufgrund der heutigen wirtschaftlichen Zwänge und des heutigen Lebenswandels bedingt, dass das Zusammenleben von mehreren Generationen immer schwieriger wird und dadurch die Begleitung von Familienangehörigen nicht mehr zu bewältigen ist. Oftmals findet die Sterbebegleitung in Hospizhäusern statt, wo Sterbende von ausgebildetem Pflegepersonal bis zum Tod begleitet werden.[17]

Unterschiedliche Positionen zur Sterbehilfe und ihre Argumentation

Nachdem im vorangegangenen Abschnitt Begriffsbestimmungen und deren Abgrenzung hinsichtlich der Sterbehilfe erfolgten, werden nachfolgend die unterschiedlichen Positionen zu dem Thema dargestellt. Diese begründen sich durch Argumente, die für und gegen die Sterbehilfe stehen. Es ist

---

15 Nagele, u.a., 2009, S. 214.
16 Kulbe, 2008, S. 29.
17 Vgl. Schubert, 2003, S. 94.

notwendig die unterschiedlichen Positionen aufzuzeigen, da diese eine objektive Herangehensweise an das Thema der Sterbehilfe ermöglichen und dem Leser die Möglichkeit geben, sich eine eigene Meinung bilden zu können.

Position der christlichen Kirche

Die Positionen der evangelischen sowie katholischen Kirche sind dabei relativ konform. „Aktive Sterbehilfe muss Tabu bleiben"[18] fordert die evangelische Kirche. Auch die katholische Kirche lehnt die aktive Sterbehilfe ab.[19]

Das vordergründige Argument beider Kirchen begründet sich daraus, dass nur Gott der Schöpfer über Leben und Tod bestimmt und daher kein Mensch über das Ende des Lebens eines anderen Menschen entscheiden darf. Auch Suizid ist nicht erlaubt, denn das wäre gegen Gottes Willen. So im Zitat aus Jesaja, Kapitel 45: „Ich erschaffe das Licht und mache das Dunkel, ich bewirke das Heil und erschaffe das Unheil. Ich bin der Herr, der das alles vollbringt."[20] Es würde also dem christlichen Glauben widersprechen, das Sterben durch ein aktives Eingreifen vorzeitig zu beenden.

Zwar wird die aktive Sterbehilfe sowohl in der katholischen Kirche als auch in der evangelischen Kirche strikt abgelehnt, die passive Sterbehilfe ist jedoch bei beiden Kirchen geduldet.[21] Passive Sterbehilfe setzt dennoch voraus, dass das Einverständnis des Patienten vorliegt. Dies bedeutet dann, dass die Ärzte auf lebensverlängernde Maßnahmen bei einem unheilbar kranken Menschen verzichten.[22] Ebenfalls stimmt die christliche Kirche der

---

18 Evangelische Kirche in Deutschland. Online im WWW unter URL: http://www.ekd.de/gesellschaft/pm137_2004_rv_kommentar_azm_sterbehilfe.html [Letzter Zugriff: 05.03.2011].
19 Vgl. Katholischer Standpunkt zur aktiven Sterbehilfe. Online im WWW unter URL: http://wikis.zum.de/dsd/index.php/Katholischer_Standpunkt_zur_aktiven_Sterbehilfe [Letzter Zugriff: 05.03.2011].
20 Müller, 2003, S. 303.
21 Vgl. EKD. Statement bei der Pressekonferenz zur "Christlichen Patientenverfügung" in Düsseldorf. Online im WWW unter URL: http://www.ekd.de/presse/693.html [Letzter Zugriff: 05.03.2011].
22 Vgl. Ebenda.

indirekten Sterbehilfe zu, da im Vordergrund die Schmerzlinderung steht, um ein menschenwürdiges Sterben zu ermöglichen.[23]

Position des deutschen Ethikrates

Der deutsche Ethikrat ist ein unabhängiger Sachverständigenrat, der sich aus unterschiedlichsten Vertretern der Gesellschaft zusammensetzt. Dazu gehören 26 Mitglieder aus Wissenschaftsgebieten wie der Philosophie, Theologie, Medizin, Naturwissenschaften und anderen Bereichen der Wissenschaft. Der deutsche Ethikrat hat unter anderem den Auftrag, unterschiedliche ethische Ansätze aus verschiedenen Blickwinkeln zu diskutieren und in Beziehung mit ethischen Grundwerten zu setzen.[24] Somit beschäftigt sich der deutsche Ethikrat ebenfalls mit ethischen Fragen der Sterbehilfe und vertritt eine ganz klare Position und zwar „Sterbenlassen statt Sterbehilfe."[25]

Die aktive Sterbehilfe wird dabei abgelehnt, da diese moralisch nicht vertretbar ist und „soll auf jeden Fall strafbar bleiben."[26]

Auch den Begriff der Sterbehilfe, in Bezug auf die Formen aktiver, passiver und indirekter Sterbehilfe, lehnt der Ethikrat ab, um Missverständnisse hinsichtlich der Begrifflichkeiten zu vermeiden. Stattdessen wird wie bereits erwähnt vom Sterbenlassen gesprochen.[27] Durch den Gebrauch der neuen Terminologie „soll der Abbruch lebenserhaltender Maßnahmen stärker in den Vordergrund gerückt werden. Die 'inaktive Sterbehilfe' hingegen sieht der Ethikrat als keine konkrete Form der Sterbehilfe an."[28] Damit ist gemeint: „jeder unheilbar Kranke und Sterbende habe Anspruch darauf, unter menschenwürdigen Bedingungen behandelt, gepflegt und begleitet zu werden (…).

---

23 Vgl. Patiententestament. Indirekte Sterbehilfe. Online im WWW unter URL: http://patiententestament.mcneubert.de/sterbehilfe/indirekte-sterbehilfe/ [Letzter Zugriff: 05.03.2011].
24 Vgl. Deutscher Ethikrat, Auftrag. Online im WWW unter URL: http://www.ethikrat.org/ueber-uns/auftrag [Letzter Zugriff: 05.03.2011].
25 Scholters, 2007, o. S. Online im WWW unter URL: http://www.spiegel.de/panorama/0,1518,426719,00.html [Letzter Zugriff: 09.03.2011].
26 Ebenda.
27 Vgl. Ebenda.
28 Ebenda.

Bei allen Maßnahmen sei der Wille des Betroffenen entscheidend. Jeder Patient habe das Recht, eine medizinische Maßnahme abzulehnen, auch wenn diese Maßnahme sein Leben verlängern könnte."[29]

Position der Bundesärztekammer

Eindeutig ist ebenfalls die Einstellung der Ärzteschaft. Nur 30% der Ärzte befürworten eine aktive Sterbehilfe unter den Bedingungen, dass eine „hoffnungslose Prognose, die gute Kenntnis des Patienten sowie ein hoher Leidensdruck"[30] zutreffen. Hingegen lehnen 70% der Ärzte eine aktive Sterbehilfe mit dem Argument ab, dass sie nicht diejenigen sein wollen, die beispielsweise die Todesspritze verabreichen sollen.[31] An dieser Stelle wird der Konflikt mit dem hippokratischen Eid deutlich, der besagt: „Ich werde niemandem, auch auf eine Bitte nicht, ein tödlich wirkendes Gift geben und auch keinen Rat dazu erteilen (…).“[32] Die 30% der Ärzte, die die aktive Sterbehilfe befürworten, führen des Weiteren als Argument an, dass durch die Entwicklung der modernen Medizin und der dadurch entstandenen Möglichkeiten die ethischen Probleme des hippokratischen Eides vertretbar wären. Die ethische Ausgangseinstellung von Ärzten ist, „Menschen gesund zu erhalten, Krankheiten zu erkennen und zu bekämpfen, Leiden zu lindern und Sterbenden bis zum Tod beizustehen."[33]

Aktuell werden in der Medizin die indirekte sowie die passive Sterbehilfe geduldet. Eine aktuelle Regelung der Bundesärztekammer hinsichtlich der Grundsätze zur Sterbebegleitung bietet den Ärzten mehr rechtliche Sicherheiten bei der Begleitung und Betreuung von todkranken Menschen. Denn „bislang galt die Beihilfe zur Selbsttötung eines todkranken Patienten ausdrücklich als ‚unethisch'. Jetzt heißt es lediglich: ‚Die Mitwirkung des

---

29 Ebenda.
30 Klinkhammer, u.a., 2011, o.S. Online im WWW unter URL: http://www.aerzteblatt.de/v4/archiv/artikel.asp?id=80940 [Letzter Zugriff: 09.03.2011].
31 Vgl. Ebenda.
32 Der hippokratische Eid. http://www.fachschaft-medizin.de/download/sonstiges/HippoEid.pdf [Letzter Zugriff: 09.03.2011].
33 Ebenda.

Arztes bei der Selbsttötung ist keine ärztliche Aufgabe.'"[34] Diese Regelung der Grundsätze stärkt das Selbstbestimmungsrecht der Patienten und ermöglicht es den Ärzten, indirekte sowie die passive Sterbehilfe ethisch zu vertreten.[35]

Position der Bevölkerung

Im Jahr 2011 wurden auf einem Umfrageportal-Allensbach 1800 Menschen zum Thema: ‚Sind Sie für oder gegen die aktive Sterbehilfe?' befragt. Dabei befürworten ca. 58% die aktive Sterbehilfe, 20% sind unentschieden und die wenigstens mit knapp 19% sind dagegen.[36] Wie repräsentativ diese Umfrage im Hinblick auf die Gesamtbevölkerung in Deutschland ist, kann nicht eindeutig beantwortet werden.

Eine Umfrage aus dem Jahr 2001 bis 2002 zeigt folgendes Ergebnis. Eine Zustimmung zu den unterschiedlichen Formen der Sterbehilfe, darunter auch aktive Sterbehilfe, liegt mindestens bei 50%.[37]

Eine weitere Umfrage zur aktiven Sterbehilfe wurde von der Deutschen Hospiz Stiftung vom Jahr 1997 bis 1995 vorgenommen, wobei 1000 Menschen bei der Befragung teilgenommen haben. So befürworten nur 35% der Befragten die aktive Sterbehilfe.[38] 56% befürworten die Hospizarbeit, also die Sterbebegleitung bis hin zum Tod.

Interessant an der Studie ist, dass es beim Meinungsbild über die aktive Sterbehilfe geschlechtsspezifische Unterschiede gibt. So befürworten 40% aller Männer und nur 31% aller Frauen die Sterbehilfe.

---

34 Neue Rechtslage. Online im WWW unter URL:
http://www.morgenpost.de/printarchiv/politik/article1548846/Aerzteschaft-lockert-Grundsaetze-zur-Sterbehilfe.html [Letzter Zugriff: 09.03.2011].
35 Vgl. Ebenda.
36 Vgl. Aktive Sterbehilfe aus Sicht der Bevölkerung. Online im WWW unter URL:
http://de.statista.com/statistik/daten/studie/163331/umfrage/aktive-sterbehilfe-aus-sicht-der-bevoelkerung/ [Letzter Zugriff: 09.03.2011].
37 Emmerich, 2009, S. 1.
38 Vgl. Deutsche Hospizstiftung, Was denken die Deutschen wirklich über Sterbehilfe? Online im WWW unter URL: http://www.hospize.de/ftp/langzeit_web.pdf [Letzter Zugriff: 05.03.2011].

Die Ergebnisse der vorgestellten Umfragen zeigen, dass die Meinungen sehr unterschiedlich sind. Deutlich wird jedoch, dass die Sterbehilfe überwiegend befürwortet wird.

Das moralische Dilemma der Sterbehilfe am Fall von Ramón Sampedro

„Vierzig Sekunden dauert es ungefähr: Sekunden, in denen der Körper verrückt wird und einem alle möglichen Gedanken durch den Kopf schießen. Sekunden intensivsten Lebens, in denen Angst und Glück auf den gleichen Namen hören; Sekunden, auf die ein Leben Jahre lang gespannt blieb. Ramón Sampedro schaut während dieser Sekunden in die Kamera, die er vor seinem Bett hat aufstellen lassen. 'Ich glaub, es geht los', sagt er noch. Die Andeutung eines Lächelns begleitet das letzte Wort: 'Wärme'. Dann rollen die Augäpfel nach hinten; man sieht das Weiße; im offenen Mund verklumpt die Zunge zum Pfropf. Der Kopf schnellt hin und her. Dann ist es vorbei."[39]

Ramón Sampedro starb allein, schmerzvoll und menschenunwürdig. Sollen daher schwerkranke Menschen vom ihrem Leiden erlöst werden? Und sollen auch die Menschen Sterbehilfe in Anspruch nehmen dürfen, die wie im Fall von Ramón schwerbehindert sind?

Die Befürworter der Sterbehilfe würden dem zustimmen, die Gegner seinen Tod stark verurteilen.

In diesem Abschnitt wird demzufolge der Versuch unternommen, das moralische Dilemma der Sterbehilfe am Fall von Ramón Sampedro aus der Sicht der Befürworter und Gegner darzustellen. Zu Beginn jedoch muss geklärt werden, was unter einem moralischen Dilemma zu versteht ist.

Ein „moralisches Dilemma beschribt eine Situation, in der mindestens zwei moralische Prinzipien miteinander – oder sogar mit sich selbst – in Konflikt geraten, indem sie dcm Handelnden zwei völlig entgegengesetzte Handlungen vorschreiben."[40]

---

[39] Brachmann, 2005, o. S. Online im WWW unter URL: http://www.berlinonline.de/berliner-zeitung/archiv/.bin/dump.fcgi/2005/0309/feuilleton/0002/index.html [Letzter Zugriff: 05.03.2011].
[40] Moralische Dilemma-Diskussion. Online im WWW unter URL: http://blog2.anknuepfen.de/wp-content/uploads/2008/02/moralisches-dilemma-lind8.pdf [Letzter Zugriff: 05.03.2011].

Das moralische Dilemma im Fall von Ramón Sampedro besteht darin, dass Ramón sich auf sein Selbstbestimmungsrecht berufen hat und sterben will. Er kann sich jedoch aufgrund seiner Querschnittslähmung nicht selber töten und verpflichtet eine andere Person, dies zu tun. Diese Person steht jedoch vor einem Handlungskonflikt, denn rechtlich gesehen macht sich diese Person strafbar. Nach deutschem Recht wäre der Fall von Ramón kein Mord und auch kein Totschlag. Allerdings könnte dies dem Tatbestand Tötung auf Verlangen nach §216 StGB zugeordnet werden. Aus rechtlicher Sicht darf, auch trotz Einverständnis des Patienten, niemand die Tötung vornehmen.

Wird der Fall aus der Sicht der Befürworter von Sterbehilfe dargestellt, so greifen folgende Argumente. Eins der wichtigsten Argumente ist dabei, dass jeder Mensch das Recht auf Selbstbestimmung hat und daher die Entscheidung, freiwillig und menschenwürdig aus dem Leben scheiden zu wollen, jedem selbst überlassen sein sollte. Demgegenüber steht das Argument der christlichen Kirche. Gott allein bestimmt, wann der Tod eintritt, und daher darf kein Mensch über das Ende eines Lebens bestimmen.

Ein weiteres Argument für die aktive Sterbehilfe wäre die Solidarität. In Anbetracht dessen, dass im Fall Ramón ein vollwertiges Leben aufgrund seiner Querschnittslähmung nicht möglich ist und er auf die Hilfe anderer angewiesen ist, muss er die Möglichkeit bekommen, auf Wunsch aus dem Leben scheiden zu können. Ramón fühlt sich als Belastung für seine Mitmenschen und möchte diese Last niemandem mehr zumuten.

Die aktive Sterbehilfe würde Ramón ein sanftes Sterben ohne Schmerzen ermöglichen, denn die Medizin verfügt über solche Möglichkeiten, dass der Patient friedlich und ohne Schmerzen einschläft.

Die Gegner drehen den Kern der Aussage um und vertreten die Position, dass aus Solidarität dem Menschen geholfen werden muss, die Krankheit oder die Schmerzen zu ertragen. Außerdem kann nicht ausgeschlossen werden, dass mögliche Komplikationen auftreten und dadurch Schmerzen und Leid verursacht werden.

Die Pro- und Contra-Argumente verdeutlichen, dass das Thema Sterbehilfe eines sehr sensiblen Zugangs bedarf. Dazu kommt, wie im Fall von Ramón Sampedro, dass der Umgangs mit extremen Behinderungen die Diskussion um Legalisierung der Sterbehilfe noch komplizierter macht, denn Ramón hat keine unerträgliche Schmerzen, ist nicht depressiv und steht nicht unmittelbar vor einen bevorstehenden Tod. Trotzdem empfindet er seine Existenz als würdelos. Daher ist es schwierig zu beurteilen, ob sein Tod gerechtfertigt ist oder nicht.

Legalisierung aktiver Sterbehilfe – ein Versuch eines Lösungsansatzes

Unter der Betrachtung der Pro- und Contra-Argumente hinsichtlich der Legalisierung von aktiver Sterbehilfe ist an dieser Stelle zusammenfassend eine eindeutige Antwort: Legalisierung „Ja" oder „Nein" nicht möglich. Das Thema ist sehr komplex und daher kann der Verfasser nur den Versuch unternehmen, Lösungsansatze zu formulieren.

Das Thema der Sterbehilfe sollte mehr im öffentlichen Diskurs stehen und aus der Schublade der „Tabu-Themen" hervortreten. Die Menschen müssen mehr aufgeklärt werden, doch zuerst muss eine gesetzliche Grundlage und Regelung geschaffen werden. Daher ist es wichtig, über das Thema zu diskutieren und sich von starren Pro- und Contra-Argumenten etwas zu lösen und diese mehr auszubauen. Vor allem muss vom Fall zum Fall ein individueller Zugang gefunden werden.

Wichtig ist jedoch, dass Möglichkeiten der Genesung und Leidensbegrenzung ausgeschöpft sein müssen und der Betroffene zum Zeitpunkt seiner Willensbekundung psychisch gesund sein muss. Daher sollte rechtlich gesehen eine Patientenverfügung im Vorfeld ausgestellt werden, um rechtliche Problematiken für die Beteiligten zu vermeiden.

Ein Missbrauch kann auf diese Weise verhindert werden, denn die Behandlung von schwerkranken Patienten ist teuer und auch die lebenslange Pflege wie bei Ramón ist ein Kostenfaktor für das Gesundheitswesen und die Versicherungen.

Es muss daher sichergestellt werden, dass aus der Möglichkeit, aktive Sterbehilfe in Anspruch zu nehmen, kein Zwang entsteht. Im Fall Ramón kann nicht ausgeschlossen werden, dass der Betroffene durch seine Pflegebedürftigkeit sich nicht genötigt gefühlt hat, die Sterbehilfe in Anspruch zu nehmen, um seinen Mitmenschen und Angehörigen nicht zur Last zu fallen.

Daher wäre es notwendig, dass Richtlinien eingeführt werden im Hinblick auf Hilfe durch Begleitung zur Sterbehilfe. Ein weiterer Vorschlag bezieht sich auf den Ausbau von Hospizen. Bedeutend ist ebenfalls die ärztliche Aufklärung von Betroffenen und deren Angehörigen, denn dadurch kann die Fähigkeit zur Einwilligung sterben zu wollen überprüft werden und Fremdbestimmtheit durch Dritte kontrolliert werden.

Weiterhin sollten Varianten der gewünschten Begleitung und Betreuung angeboten werden, sowie eine Freistellung der Angehörigen von der Arbeit, um ein sterbendes Familienmitglied begleiten zu können. Ein realistischer Lösungsweg für Deutschland wäre der Ausbau der Palliativmedizin mit Möglichkeiten zur Sterbehilfe, da dabei die Lebensqualität der Betroffenen bis zum Ableben im Vordergrund steht.

Fazit

Nach der Auseinandersetzung mit dem Thema und dem Abwiegen von Pro- und Contra-Argumenten kann sich der Verfasser trotz der Fülle an Argumenten und der herangezogenen Literatur zu dem Thema nicht endgültig positionieren, ob aktive Sterbehilfe legalisiert werden sollte oder nicht. Es wird der Anschein erweckt, als ob es sich um den Begriff selbst handelt und nicht um die einzelnen Schicksale.

Die Debatte in Deutschland sollte daher intensiver ausgebaut werden und es müssten weitere Perspektiven und Erfahrungsberichte aus Ländern berücksichtigt werden, in denen aktive Sterbehilfe legal ist, beispielsweise in Belgien.

Um den Weg der Legalisierung zu gehen, müssen viele rechtliche, ethische, moralische und religiöse Aspekte berücksichtigt werden. Die Debatte sollte jedoch Flexibilität erlauben, um sich nicht auf den Pro- und Contra-Argumenten zu versteifen.

Daher ist es wichtig, dass gesetzliche Regelungen und Rahmen geschaffen werden, damit allen Menschen ein würdiges Leben und Sterben ermöglicht werden kann.

Bedenken hat der Verfasser, dass wenn aktive Sterbehilfe legalisiert wird, der Tod als ein leichter Ausweg akzeptiert wird und es vermehrt zu Fällen des Missbrauchs kommen könnte. Der Tod nimmt dann einen Charakter einer „Medizin" an, die wie eine Tablette genommen werden kann und „Heilung" in Form des Todes eintritt.

Für den Verfasser stellt sich die Frage, inwieweit die Menschen in Deutschland, deren Leben vor allem in der Großstadt durch Konsum und Leistungsdruck bestimmt ist, in der Lage sind, mit solchen Dimensionen wie der Entscheidung über Leben und Tod umzugehen? Stumpfen die Menschen dann nicht ab, wenn es um den Tod geht? Wann wird die moralische Grenze überschritten? Setzt das Überschreiten in dem Moment ein, wenn die Legalisierung einsetzt? Zwar könnten die Gesetze wieder geändert werden, aber was ist mit denen, die bis dahin getötet wurden?

Auch im Fall von Ramón Sampedro ist es schwer zu urteilen, da nur er selbst wirklich wissen konnte, wie es ihm psychisch und physisch erging. Daher ist es schwer für Menschen, darüber zu diskutieren, die nicht ein ähnliches Schicksal erlitten haben.

Als persönliche Erkenntnis kann der Verfasser zusammenfassend sagen, dass jedem Menschen das Recht gewährt werden muss, über das eigene Leben und die Art und Weise sowie den Zeitpunkt des Ablebens zu bestimmen. Daher sollte dieser Wunsch respektiert werden. Was für den Verfasser unverzichtbar ist, ist eine intensive medizinische und psychologische Begleitung und Unterstützung der Betroffenen, deren Angehörigen und des medizinischen Personals.

Literatur - und Quellenverzeichnis

Anrdt, M. (2005): Pflege bei Sterbenden. Den Tod leben dürfen: Vom christlichen Anspruch der Krankenpflege. Schlütersche Verlagsgesellschaft, Hannover.

Conrads, C./ Wolfslast, G. (Hrsg.); (2001): Textsammlung Sterbehilfe. Springer Verlag, Berlin/ Heidelberg/ New York.

Giesen, D. (1992): Der Wert des Lebens – wie weit reicht die Verpflichtung, Leben zu erhalten? Juristische Aspekte. In: Hepp, H. Hilfe zum Sterben? Hilfe beim Sterben. Patmos Verlag, Düsseldorf.

Kulbe, A. (2008): Sterbebegleitung. Hilfen zur Pflege Sterbender. Urban & Fischer Verlag, Verlag.

Knopp, L./ Schluchter, W. (Hrsg.); (2004): Sterbehilfe – Tabuthema im Wandel? Springer Verlag, Berlin Heidelberg, New York.

Müller, G. u.a., (Hrsg.); (2003): Theologische Realenzyklopädie. Pflichtfortsetzung / Vernunft III – Wiederbringung aller: Bd 35. Walter de Gruyter & Co.

Nagele, S./ Feichtner, A. (2009): Lehrbuch der Palliativpflege. Facultas Verlag- und Buchhandels AG, Wien.

Schmidt, S./ Meißner, T. (2009): Organisation und Haftung in der ambulanten Pflege. Praxisbuch. Springer Medizin Verlag, Berlin/ Heidelberg/ New York.

Schubert, D. (2003):Hospizarbeit im Krankenhaus: ein Tätigkeitsfeld Sozialer Arbeit. Lit Verlag, Münster, Hamburg, London.

Internetquellen

Aktive Sterbehilfe aus Sicht der Bevölkerung. Online im WWW unter URL: http://de.statista.com/statistik/daten/studie/163331/umfrage/aktive-sterbehilfe-aus-sicht-der-bevoelkerung/ [Letzter Zugriff: 09.03.2011].

Brachmann, J. (2005): Warum bin ich so anders? In: Berliner Zeitung. Online im WWW unter URL: http://www.berlinonline.de/berliner-zeitung/archiv/.bin/dump.fcgi/2005/0309/feuilleton/0002/index.html [Letzter Zugriff: 09.03.2011].

Der hippokratische Eid. Online im WWW unter URL: http://www.fachschaft-medizin.de/download/sonstiges/HippoEid.pdf [Letzter Zugriff: 09.03.2011].

Deutscher Ethikrat. Online im WWW unter URL: http://www.ethikrat.org [Letzter Zugriff: 14.03.2011].

Deutscher Ethikrat, Auftrag. Online im WWW unter URL: .http://www.ethikrat.org/ueber-uns/auftrag [Letzter Zugriff: 05.03.2011].

Deutsche Hospizstiftung, Was denken die Deutschen wirklich über Sterbehilfe? Online im WWW unter URL: http://www.hospize.de/ftp/langzeit_web.pdf [Letzter Zugriff: 05.03.2011].

Emmerich, F. (2009): Fürsorge am Lebensende. Online im WWW unter URL: http://www.ethikrat.org/dateien/pdf/Referat_Emmrich_2009-01-22.pdf [Letzter Zugriff: 05.03.2011].

Emmerich, F. (2009): Fürsorge am Lebensende. Online im WWW unter URL: http://www.ethikrat.org/dateien/pdf/Referat_Emmrich_2009-01-22.pdf [Letzter Zugriff: 14.03.2011].

Evangelische Kirche in Deutschland. Online im WWW unter URL: http://www.ekd.de/gesellschaft/pm137_2004_rv_kommentar_azm_sterbehilfe.html [Letzter Zugriff: 05.03.2011].

Gesetzesantrag der Länder Saarland, Thüringen, Hessen. Online im WWW unter URL: http://www.bundesaerztekammer.de/downloads/gesetzesantrag_sterbehilfe_230-06.pdf [Letzter Zugriff: 05.03.2011].

Berliner Morgenpost. Neue Rechtslage 2011, Ärzteschaft lockert Grundsätze zur Sterbehilfe. Online im WWW unter URL: http://www.morgenpost.de/printarchiv/politik/article1548846/Aerzteschaft-lockert-Grundsaetze-zur-Sterbehilfe.html [Letzter Zugriff: 14.03.2011].

Katholischer Standpunkt zur aktiven Sterbehilfe. Online im WWW unter URL: http://wikis.zum.de/dsd/index.php/Katholischer_Standpunkt_zur_aktiven_Sterbehilfe [Letzter Zugriff: 05.03.2011].

Klinkhammer, G./ Stüwe, H. (2011): „Die ärztliche Ethik wird von allen ernst genommen". Online im WWW unter URL: http://www.aerzteblatt.de/v4/archiv/artikel.asp?id=80940 [Letzter Zugriff: 09.03.2011].

Moralische Dilemma-Diskussion. Online im WWW unter URL: http://blog2.anknuepfen.de/wp-content/uploads/2008/02/moralisches-dilemma-lind8.pdf [Letzter Zugriff: 05.03.2011].

Patiententestament. Indirekte Sterbehilfe. Online im WWW unter URL: http://patiententestament.mcneubert.de/sterbehilfe/indirekte-sterbehilfe/ [Letzter Zugriff: 05.03.2011].

Scholters, S. (2007): Ethikrat-Empfehlungen. Sterbenlassen statt Sterbehilfe. Online im WWW unter URL: http://www.spiegel.de/panorama/0,1518,426719,00.html [Letzter Zugriff: 09.03.2011].

STGB. Juristisches Informationsdienst, Tötung auf Verlangen. Online im WWW unter URL:http://dejure.org/gesetze/StGB/216.html [Letzter Zugriff: 09.03.2011].

STGB. Juristisches Informationsdienst, Totschlag. Online im WWW unter URL: http://dejure.org/gesetze/StGB/212.html [Letzter Zugriff: 09.03.2011].

STGB. Juristisches Informationsdienst, Mord. Online im WWW unter URL:http://dejure.org/gesetze/StGB/211.html [Letzter Zugriff: 09.03.2011].

Sterbehilfe und Euthanasie. Online im WWW unter URL: http://www.uwenowak.de/arbeiten/sterbehilfe.xhtml [Letzter Zugriff: 09.03.2011].

Userkritiken und Wertungen. Online im WWW unter URL: http://www.filmstarts.de/kritiken/38281-Das-Meer-in-mir.html [Letzter Zugriff: 09.03.2011]

Thomas Must (2007): Sterbehilfe. Das Recht auf einen moralisch gerechtfertigten Freitod

Einleitung

Bei einem Autounfall wird Herr A. schwer verletzt und muss sofort ins Krankenhaus. Nach einigen Notoperationen stellen die Ärzte fest, dass dem Patienten letztlich aufgrund seiner schweren Verletzungen nicht mehr geholfen werden kann und er bald sterben wird. Wie viel Zeit dem Patienten noch bleibt, können die Ärzte jedoch nur vage vermuten. Um den prophezeiten Tod hinauszuzögern, müssen verschiedene Maschinen dessen Leben erhalten und Schmerzmittel soweit möglich das Leid lindern. Er selbst ist bei Bewusstsein und kann unter extremen Schmerzen manchmal auch sprechen. Andere Bewegungen sind nicht ausführbar, bis auf gelegentliche, krampfartige Zuckungen. Seine Angehörigen trauern um sein Leid, aber noch viel mehr darum, dass er unter solchen Umständen und Schmerzen auf seinen Tod hinsiecht. In Anwesenheit des behandelnden Arztes bittet der Patient diesen plötzlich um einen letzten Wunsch: Keine Schmerzen mehr. Sterben.

Herr A. hat damit einen Willen geäußert, der im Laufe der Geschichte bis heute für brisante Diskussionen gesorgt hat. Er entschließt sich für den Freitod, d.h. für die eigenwillige Tötung seiner selbst. Dieser Tatbestand ist freilich besonders heute nicht mehr das Problem. Doch Herr A. ist nicht imstande, sich selbst zu töten und bittet darum den Arzt um Hilfe: Sterbehilfe. Eine der größten Problematiken in der Medizin, Ethik, Religion und im Recht, die den betroffenen Arzt sowohl in einen Gewissens- als auch Rechtskonflikt treibt, wird heute in Politik, Medizin und Philosophie mehr denn je diskutiert. Dogmatische Gebote und Verbote aus Religion und Tradition scheiden die Gesellschaft und errichten eine kaum überwindbare Mauer zwischen den Befürwortern und Gegnern der Sterbehilfe. In der vorliegenden Arbeit soll die Position der Befürworter eingenommen werden, um im Hinblick diverser Argumente aufzuzeigen, dass der Mensch ein Recht auf den moralisch gerechtfertigten Freitod hat und das auch, wenn er selbst dazu nicht imstande ist und über die Sterbehilfe sein Recht einfordern muss.

Zweck dieser Arbeit ist nicht im Hauptaspekt die Unterscheidung zwischen der allgemein erlaubten passiven und der fast überall verbotenen aktiven Sterbehilfe, sondern generell darzulegen, dass der Mensch ein Recht auf diese Hilfe hat, sei es passiv oder aktiv. Da die Gesetzeslage von Staat zu Staat sehr unterschiedlich ausfällt, sollen hier nicht alle Beispiele aufgeführt werden. Diskussionsmittelpunkt ist die Lage in Deutschland und gegebenenfalls der Vergleich zu den Niederlanden und der Schweiz. Zu Beginn sollen bestimmte Begrifflichkeiten geklärt werden, die wichtig für das Verständnis der vorgelegten Argumentationen sind. Danach werden diverse Argumente und Positionen herangezogen, die ein solches Recht, inklusive der Sterbehilfe, befürworten und gar fordern, wobei der Ausdruck „uneingeschränkte Sterbehilfe" verwandt wird, der jedoch nichts anderes meint als die Erlaubnis zur aktiven, passiven und indirekten Sterbehilfe. In einem dritten Punkt stehen verschiedene Meinungen der gegnerischen Position zur Verfügung, die unter anderem mithilfe der vorangegangenen Pro-Argumente negiert werden sollen. Abschließend ist zu sagen, dass, wie bereits weiter oben gesagt, nicht die Unterscheidung zwischen der aktiven und passiven Sterbehilfe im Mittelpunkt dieser Arbeit steht, sondern die Frage nach der moralischen Rechtfertigung zu einem Freitod mittels der Anwendung der Sterbehilfe.

Zum Vorverständnis

Um die hier geführte Argumentation nicht in die Irre verlaufen zu lassen und Missverständnissen vorzubeugen, werden die wichtigsten Begriffe angeführt und verdeutlicht, inwiefern sie in der vorliegenden Arbeit zu verstehen sind und wie sie verwendet werden. Besonders die Erläuterung und Festlegung der Begriffe „Freitod" und „Sterbehilfe" ist von großer Bedeutung, da in herrschenden Diskussionen und der themenverwandten Literatur eine einheitliche Definition in der Form nicht vorzufinden ist.

Der Begriff des Freitods

Der Freitod beschreibt grundsätzlich das freiwillige Sterben. In der Antike waren es vor allem römische Heerführer, die sich bei einer schweren Niederlage das Leben nahmen, um ihre Ehre zu retten. Ein Tod, der moralisch vollkommen vertretbar schien: *mors voluntaria* – ein Begriff, den besonders japanische Offiziere noch bis ins 20.Jahrhundert hinein als moralischen Ausweg aus einer „unehrenhaften" Situation vorzogen. Von der „helden-umwobenen" Definition wird hier jedoch eher abgesehen, um sich auf die der antiken Philosophie zu stützen: Der Freitod im Sinne eines würdigen oder friedlichen Sterbens, sowie es die Stoa und besonders die Eudaimonie lehrt. Somit sollte ein unnötiges Leiden für einen ruhigen und friedlichen Tod aufgegeben werden. Auch hier beschreibt man diesen

Freitod als *mors voluntaria*, wodurch noch einmal der Charakter der freiwilligen Handlung zum Ausdruck kommt. Schon bald jedoch wurde der Begriff des Freitods durch den christlich geprägten „Selbstmord" ersetzt. Nun war der einstige antike Begriff zu einer verwerflichen Sünde mit einem moralisch arg negativen Beigeschmack umformuliert worden. Der Selbstmord stand jetzt für das gewaltsame Nehmen eines Lebens, in dem Fall des eigenen, das nach religiöser Auffassung heilig ist. Genau in diesem Punkt setzt auch die heutige Diskussion zu diesem Thema und die Uneinigkeit der Parteien an: Der Streit um „Freitod" oder „Selbstmord".[41] In der weiteren Argumentation spielt dennoch das antike Verständnis des Freitods eine Rolle. Gesetzlich gesehen ist die Absicht zum Freitod und der Freitod selbst in Deutschland nicht strafbar.[42]

Der Begriff der Sterbehilfe

Aus dem Wort selbst ist bereits das wichtigste Verständnis herauszunehmen: Die Hilfe zum Sterben. Doch lässt diese Definition viel Spielraum übrig, um dieses Wort für die jeweilige Situation passend auszulegen. Schwierig ist dabei besonders die Wertung nach dem bloßen „Sterbenlassen" und dem „aktiven Töten", wovon hier jedoch abgesehen wird, um den Schwerpunkt dieser Arbeit nicht zu weit ausufern zu lassen. Daher ist man sich bis heute soweit einig, die Sterbehilfe in drei Formen zu untergliedern, um die Intensität der Absicht des Helfenden zum gewollten Tod deutlich zu machen:

Passive Sterbehilfe

Hierbei geht es um das bloße Nichtstun des Helfenden. Man überlässt den Sterbenden seiner selbst. D.h. man unterlässt jegliche Versuche, den Tod hinauszuzögern oder zu beschleunigen. Er wird weder mit Medikamenten noch mit Maschinen versorgt, um einen dieser Vorgänge zu erreichen. Die

---

41 F. Thiele: Aktive und passive Sterbehilfe. S.10ff. Zum umgedeuteten Begriff des Freitods auch H. Küng: Menschenwürdiges Sterben. S.62f.
42 A. Eser: Möglichkeiten und Grenzen der Sterbehilfe aus der Sicht eines Juristen. S. 154.

passive Sterbehilfe ist in allen Staaten gesetzlich erlaubt und wird in heiklen Fällen sogar empfohlen.[43]

Indirekte Sterbehilfe

Bei der indirekten Sterbehilfe wird der Arzt insofern tätig, als dass er versucht, die Schmerzen des Sterbenden soweit wie möglich zu lindern. Er nimmt dabei als Nebenwirkung auch das Risiko des Sterbens in Kauf, d.h., dass der Patient aufgrund der durchgeführten Schmerzbehandlung stirbt. Diese Form der Sterbehilfe ist zwar in den meisten Staaten, so auch in Deutschland, gesetzlich erlaubt, doch ist sie problematisch, da sie wegen dem aktiven Tun des Arztes bereits der aktiven Sterbehilfe sehr nahe kommt. Einziger Unterschied ist hier die Absicht des Arztes, die sich nicht direkt auf den Tod des Sterbenden richtet, sondern auf die Linderung der Schmerzen.[44]

Aktive Sterbehilfe

Wird der Arzt direkt tätig und beabsichtigt mit einer Medikamentengabe oder anderen Behandlungen den Tod des Sterbenden, spricht man von aktiver Sterbehilfe.[45] Wichtigstes Argument hier ist eben genau diese Absicht als solches, die sie von der indirekten Sterbehilfe unterscheidet. Der beschleunigte Tod des Sterbenden ist das Ziel dieser Behandlung. Diese Form der Sterbehilfe ist das am meisten diskutierte Problem dieser Thematik. Nach dem Gesetz gibt es kaum Staaten, die die aktive Sterbehilfe erlauben. Doch gibt es erhebliche Unterschiede bei der negativen Sanktionierung im Falle der aktiven Sterbehilfe. Während in den Niederlanden diese Art der Hilfe gesetzlich unter bestimmten Voraussetzungen straffrei bleibt, ist sie in Deutschland verboten, so dass der Verurteilte mit zum Teil sehr hohen Gefängnisstrafen rechnen muss.[46] Gerade in diesem Punkt versuchen die verschiedenen Positionen zu einer

---

43 F. Thiele: Aktive und passive Sterbehilfe. S.16f.
44 Einige sehen in der Unterscheidung zwischen indirekter und aktiver Sterbehilfe bereits ernste gesetzliche Schwierigkeiten. So auch A. Eser: Möglichkeiten und Grenzen der Sterbehilfe aus der Sicht eines Juristen. S. 171.
45 F. Thiele: Aktive und passive Sterbehilfe. S.15.
46 M.-O. Baumgarten: The Right to Die? S.237f.

Einigung zu gelangen, um eine einheitliche (negative oder positive) Sanktionierungsform für die aktive Sterbehilfe zu erhalten.[47]

Der Freitod in Form der Sterbehilfe

Nachdem nun die beiden Begriffe „Freitod" und „Sterbehilfe" im Zuge dieser Arbeit erläutert wurden, muss noch darauf eingegangen werden, wie sie in Einklang miteinander gebracht werden können:

Wählt ein Sterbender oder jemand, der zum Sterben bereit ist, den Freitod, kann aber aufgrund seines körperlichen Zustands nicht selbst den Akt des Tötens vollziehen, bittet er um Sterbehilfe:

„(...) Bittet ein Patient um Sterbehilfe, so handelt es sich um einen selbstgewählten Tod, denn es ist letztlich der Patient, der durch die Äußerung seines Wunsches den eigenen Tod herbeiführt. (...)"[48]

Während die passive und indirekte Sterbehilfe in der Tat nur eine Hilfe zum selbst gewählten Tod ist und der Betroffene sich in dem Fall „selbst" tötet, sei es durch das Annehmen von Schmerzmitteln oder das Ablehnen einer Behandlung, ist der Freitod im Sinne der aktiven Sterbehilfe etwas problematischer. Denn hier wird der Betroffene von jemand anderem getötet.[49] Zu verstehen ist dieser Freitod vielleicht nur insoweit, dass man den freien Willen und den Wunsch zu sterben als eine Aufforderung an den anderen sieht, getötet zu werden. Die Aufforderung wird somit als die eigentlich freiwillige Handlung des Betroffenen angesehen.

Das Recht zum Freitod

Um das Recht zum Freitod moralisch zu rechtfertigen, bedarf es einer Betrachtung danach, ob geltende moralische Wertevorstellungen in irgendeiner Weise betroffen und gegebenenfalls verletzt oder gar missachtet wurden. Hauptaspekt liegt bei der eudaimonistisch geprägten Ethik, besonders in der Form der Stoa: Das wahre Leben steht im Mittelpunkt und ein lebensunwertes Leben soll vermieden werden. Die

---

47 A. Eser: Möglichkeiten und Grenzen der Sterbehilfe aus der Sicht eines Juristen. S. 176ff.
48 F. Thiele: Aktive und passive Sterbehilfe. S.10.
49 Ebd. S.10

Menschenwürde ist darüber hinaus ein weiterer Aspekt, mit der ein gutes und lebensunwertes Leben unterschieden werden kann. Aus diesem Grundrecht des Menschen lässt sich dessen Recht zum Freitod und auch die dazu benötigte Sterbehilfe ableiten.

Eudaimonie und Stoa

Der Stoiker Seneca fragt zu Recht:

> „(…) Soll ich etwa auf die Grausamkeit einer Krankheit (…) warten, da es mir doch freisteht, allen Qualen zu entgehen und alles Widerwärtige hinter mir zu lassen? (…)"[50]

Betrachtet man den Freitod nach einer eudaimonistischen Sinnrichtung, so steht im Mittelpunkt das gute Leben. Ziel ist demnach, das gute Leben zu erreichen oder zu erhalten. Um in den Genuss eines solchen Lebens zu kommen, benötigt man zwei Arten von Bedingungen: Zum einen die Grundlage des Lebens, wie die Güter der Vitalität (Gesundheit, körperliche Unversehrtheit, Unterkunft, Verpflegung, usw.), und zum anderen Formen moralischer Werte wie Tugenden, Platz und Aufgabe in der Gesellschaft und das Gelöstsein von die Seele beunruhigenden Problemen. Beide Bedingungen sind insofern miteinander verknüpft, dass die Grundlage des Lebens als Vorraussetzung für die Verwirklichung des guten Lebens bestehen muss. Ist diese Vorraussetzung nicht gegeben, kann auch das gute Leben nicht verwirklicht werden. Doch nach einer eudaimonistischen Ethik kann man nur das gute Leben leben, wogegen ein bloßes Vorhandensein schlichtweg abgelehnt wird und als moralische Rechtfertigung für den Freitod gelten kann.[51]

Angewandt auf das benannte Beispiel ergibt sich folgende Situation:

Herr A. verfügt nur noch bedingt oder gar nicht mehr über die Güter der Vitalität, seine körperliche Unversehrtheit ist dauerhaft nicht mehr vorhanden. Damit ist die Vorraussetzung für ein gutes Leben nicht mehr möglich, da bereits die Grundlage fehlt. Er hat keine Möglichkeit mehr, seinen Platz und seine Aufgabe in der Gesellschaft wahrzunehmen und ist

---

50 Seneca: Briefe an Lucilius 70. in: W. Weinkauf: Die Philosophie der Stoa. S.314.
51 W. Kamlah: Philosophische Anthropologie. S.171f. und 175ff.

erst recht nicht mehr imstande, sich der Gelöstheit seiner Seele hinzugeben, weil er durch seinen körperlichen Zustand und vor allem durch die Schmerzen daran gehindert wird. Es handelt sich nur noch um ein bloßes „Am-Leben-sein", um ein „Dahinvegetieren", das aufgrund des zu erwartenden Todes auch keine Verbesserung seines Lebenszustands zulässt. Die Eudaimonie, die Glückseligkeit, scheitert hier völlig und ist nicht wieder herzustellen, was den entscheidenden Aspekt ausmacht – das gute Leben kann unter keinen Umständen mehr erreicht werden. Herr A. hat damit eine moralische Rechtfertigung, sein Leben selbst zu beenden. Seneca drückte dies so aus:

> „(…) Weiß ich aber, dass ich diesen Schmerz ohne Unterbrechung werde ertragen müssen, dann werde ich gehen, nicht wegen des Schmerzes an sich, sondern weil er mich an allem hindert, weswegen man lebt. (…)"[52]

Ähnlich könnte sich Herr A. auch rechtfertigen. Denn die Stoiker, allen voran Seneca, sahen in dem guten Leben das einzig wahre Leben, ein anderes war nicht vorstellbar:

> „(…) Gut sterben aber heißt, der Gefahr entgehen, schlecht zu leben. (…)"[53]

„Schlecht zu leben" hieße für Herrn A., tagtäglich die Schmerzen zu erleiden und qualvoll auf den Tod zu warten. „Gut sterben" könnte er, wenn man ihm die Schmerzen gänzlich nehmen würde, d.h. ihm die Sterbehilfe zukommen lässt, zu der er aus moralischen Gründen berechtigt ist. Aus seinem Zustand geht nämlich hervor, dass er den selbst gewählten Freitod nicht selbst durchführen kann, weswegen er auf die Sterbehilfe angewiesen ist. Diese Auffassung kann zudem noch mit modernen Rechtsvorlagen verteidigt werden. Die Europäische Menschenrechtskonvention von 1974 sagt nämlich zum einen aus:

> „(…) Zu der Entscheidungs- und Willensautorität gehört auch die Möglichkeit, gegenüber sich selbst (…) auf das eigene Leben zu verzichten, solange man in der Lage ist, darüber verantwortlich zu urteilen und danach zu handeln. (…)"[54]

---

[52] Seneca: Briefe an Lucilius 58,32-37. in: W. Weinkauf: Die Philosophie der Stoa. S.309.
[53] Seneca: Briefe an Lucilius 70. in: Ebd. S.312.
[54] M.-O. Baumgarten: The Right to Die?. S.93.

Somit wird allgemein als geltend angesehen, dass Herrn A. das Recht auf seinen selbst gewählten Freitod zuerkannt werden muss. Weiter noch fordert die Konvention indirekt auch eine gewisse Hilfeleistung Dritter ihm gegenüber:

> „(…) Der Entscheid eines verantwortlich urteilenden und handelnden Menschen zum Suizid in Ausübung seines Persönlichkeits- und Selbstbestimmungsrechts ist zu respektieren. (…)"[55]

„Der Entscheid ist zu respektieren" stellt eine sehr definitionsreiche Forderung an Dritte dar. In gewisser Form ist die Sterbehilfe hiervon ableitbar, denn „zu respektieren" heißt, Herrn A. an seinem Freitodversuch nicht zu hindern. Eine passive Sterbehilfe ist einwandfrei herauszulesen. Eine indirekte und aktive Sterbehilfe kann demnach nur hineininterpretiert werden, wenn mit dem Respektieren auch das aktive Helfen verbunden ist, sofern Herr A. seinem Entscheid nicht von selbst nachkommen kann.

Die Würde des Menschen

Bereits im deutschen Grundgesetz wird die Stellung des Individuums deutlich hervorgehoben und gefestigt:

> „Die Würde des Menschen ist unantastbar. Sie zu achten und zu schützen ist Verpflichtung aller staatlicher Gewalt."[56]

Herr A. hat demnach das Recht, seine Würde zu erhalten. Die Befriedung dieses Bedürfnisses sieht er darin, würdevoll zu sterben. Doch was genau heißt das? Ein Ausdruck der Menschenwürde ist der Aspekt der Willensautonomie, d.h. Herr A. kann sich auf seinen freien Willen, den Freitod zu wählen, berufen.[57] Institutionen, die diesem Willen im Wege stehen oder ihn gar missachten, verletzen damit die gesetzlich zugestandene Würde von Herrn A., was schließlich zur Verletzung eines obersten Prinzips von Gesetzesentwürfen auf der ganzen Welt führt. In diesem Sinne ist zu verstehen, warum der freiwillige „Selbstmord", bzw. insbesondere der Versuch, im Allgemeinen nach dem Gesetz straffrei bleibt. Im Rückschluss darauf, dass, wie oben angemerkt, die Sterbehilfe

---

55 Ebd. S.93.
56 GG Artikel 1 (1).
57 H. Ruegge: Sterben in Würde? S.65.

als eine Form des Freitods gesehen werden kann, müssen auch der Wunsch von Herrn A. und vor allem die Umsetzung durch die Sterbehilfe in jedem Fall straffrei bleiben. Doch hierbei verfangen sich die Gesetze in Kontroversen: Ein Arzt könnte Herrn A. nun sogar „alle" benötigten Mittel zum Freitod zur Verfügung stellen, wie z.b. eine Spritze mit einer Überdosis Schmerzmittel, den „Ausschaltknopf" für eine lebenswichtige Maschine oder sonstige lebensverkürzende Maßnahmen. Soweit hätte man die Würde von Herrn A. noch respektiert und der Arzt hätte sich keiner Beschuldigung strafbar gemacht. Man stelle sich nun vor, Herr A. nutzt die gebotene Möglichkeit und wendet eine dieser Maßnahmen an. In dem Moment nach der Anwendung muss der Arzt jedoch – nach dem Gesetz – sofort reagieren und Herrn A. davor bewahren, tatsächlich zu sterben. Handelt der Arzt nicht entsprechend, muss er damit rechnen, strafrechtlich dafür belangt zu werden. Der Arzt muss also, um sich selbst zu schützen, Herr A. mit allen Mitteln wiederbeleben bzw. am Leben erhalten.[58] Doch stellt genau diese Handlung einen direkten Verstoß gegen dessen Würde dar, von der möglichen Verschlechterung seiner Qualen mal ganz abgesehen, die auf den Rettungsversuch des Arztes folgen könnte. Es wurde ausdrücklich gegen dessen Willensautonomie verstoßen, die, wie oben erwähnt, zum Ausdruck seiner Menschenwürde zu zählen ist. Aus dieser Tatsache ergibt sich die Forderung nach der Wahrung der Menschenwürde in dem Sinne, dass dem zum Freitod Willigen die entsprechende Sterbehilfe, ob passiv oder aktiv, zukommen muss, um dem ersten Artikel des in dem Fall deutschen Grundgesetzes gerecht zu werden.

Das Sterben heute

Erst seit dem 20. Jahrhundert verfügt der Mensch über Möglichkeiten, das Leben zu verlängern und das Sterben hinauszuzögern. Die Situation, in der sich Herr A befindet, wäre noch im 19. und zu Beginn des 20. Jahrhunderts völlig unvorstellbar gewesen. Damals wäre ein Mensch solchen Verletzungen sofort erlegen. Doch heute vermag es die Medizin, den gebrochen Körper noch einige Zeit am Leben zu erhalten. Das Bild eines Krankenzimmers ist heute mehr denn je zum Symbol dieser Möglichkeiten

---

58 M.-O. Baumgarten: The Right to Die? S.265f.

geworden: Überall Maschinen, Apparaturen, Schläuche, Blut- und andere Flüssigkeitsbeutel – und sie alle hängen irgendwie am Körper eines Patienten in der Mitte des Raumes. Furchtbare Visionen über die Zukunft lassen bei diesem Anblick so manchem die Adern gefrieren und man fragt sich: ‚Werde auch ich einst dort liegen, gefesselt an derartige Apparaturen?' Doch wollen die Menschen, die wie Herr A. leiden, unter solchen Bedingungen wirklich weiterleben? Die Angst vor diesem Horrorszenario führt viele in die Arme der Sterbehilfe, mit deren Hilfe man einem solchen „Vorhandensein" entrinnen kann. Auch hier spielen wieder die bereits genannten Punkte über die Menschenwürde und die Eudaimonie eine große Rolle. Kann man denn solch einen Zustand als würdiges Weiterleben bezeichnen? Wohl kaum, denn man ist schließlich seiner kompletten Autonomie und Selbstbestimmung beraubt, da man sein Schicksal in den Händen dieser Apparaturen sieht. Ein friedliches oder gar glückliches Sterben ist demnach nicht möglich und wird so zur Utopie,[59] die dem Betroffenen noch deutlicher zeigt, wie „elendig" doch seine Situation zu sein scheint und obendrein auch demütigend wirken kann. Ohne den medizinischen Fortschritt negativ zu deuten, muss doch gesagt werden, dass eine solche Prozedur bei Sterbenden, sofern sie sie nicht selbst verlangen, nicht angebracht ist, denn die Vorstellung von einem bloßen „Zombie-Dasein" steht in keinerlei Verhältnis zu einem „lebenswerten Leben". Dieses Argument bekräftigt noch einmal die Notwendigkeit einer uneingeschränkten Sterbehilfe, die den Menschen die Angst vor solchen Visionen, und damit auch vor der Medizin, nehmen könnte. Man sollte somit selbst entscheiden können, ob man sich dieser Behandlung wirklich verschreiben muss, wenn eine prekäre Situation, entsprechend Herrn A., dies verlangen sollte. Diese Angst könnte damit zu einem weiteren Punkt gezählt werden, den Freitod moralisch zu rechtfertigen.[60]

---

59 H. Ruegger: Sterben in Würde? S.55f. Ruegger sieht jedoch in einem friedlichen Sterben weniger ein würdiges Sterben. In dieser Arbeit wird jedoch die These vertreten, dass zu einem würdigen, im Sinne der Willensautonomie, Sterben auch ein friedliches, im Sinne der Vermeidung enormer Leiden und Anstrengungen einer Behandlung, dazugehört.
60 H. Küng: Menschenwürdig Sterben. S.55 und 61f.

Mögliche Contra-Positionen und Missverständnisse

Die meisten hervorgebrachten Argumente, die sich gegen die uneingeschränkte Sterbehilfe richten, sind stark historisch bedingt: Religionen, allen voran das Christentum, pochen auf ihre „heiligen" Gebote und Verbote, Ärzte stellen sich hinter den Hippokratischen Eid und ihre Berufsordnung und besonders in Deutschland wird an Fehler in der Vergangenheit erinnert. Um diese Argumente jedoch umzuwerfen, wäre es notwendig, uralte Traditionen, Sitten und Gesetze schlagartig zu reformieren. Der Bibel und dem Hippokratischen Eid müsste man mit einem „Rotstift" begegnen und den deutschen Nachkriegsgenerationen wäre zu sagen, dass sie die Vergangenheit ruhen lassen sollten. Doch solch signifikante Einschnitte oder Verbesserungen lassen sich nicht so einfach durchsetzen (teilweise auch verständlich). Es bedarf daher einer gründlichen Auseinandersetzung mit diesen Argumenten unter Berücksichtigung ihrer Geltung in der Vergangenheit und heute.

Dogmatische Gebote und Verbote

Die Religion nimmt eine der größten Contra-Positionen zur Debatte um die Sterbehilfe ein. Mit dem Gebot „Du sollst nicht töten" werden sämtliche Versuche, zu einer Einigung zu gelangen, bereits im Keim erstickt. Phrasen wie „Gott gab dem Menschen das Leben, deshalb kann auch nur er es ihm wieder nehmen", sind ständige Begleiter dieser Debatten. Solch stark dogmatisch veranlagte Gebote und Verbote hindern jegliches Vorankommen zu diesem Thema.[61] Doch der Einfluss der Kirche wird immer mehr zurückgedrängt, denn ein Staat kann sich in der heutigen Zeit kaum noch an religiöse Traditionen oder Vorschriften orientieren. Der Vormarsch des Atheismus bzw. des „Nicht-Religiösen" wächst zunehmend und die Kirche verbucht mehr Aus- als Eintritte[62]. Somit kann und darf die Religion keine Rolle mehr bei den aktuellen Diskussionen zum Thema Sterbehilfe spielen, besonders weil religiöse Vorschriften viele Menschen überhaupt nichts mehr angehen: Wer keinen Glauben hat, hat auch nicht

---

61 H. Küng: Menschenwürdig Sterben. S.51und 53f.

62 Nach aktuellen Studien (am Beispiel Deutschland) verliert die Kirche, allen voran die katholische, jährlich erheblich an Einfluss. Vgl. dazu C. Weber: Der Gottesinstinkt. S.71.

die Pflicht, sich auch nur im geringsten an die Gebote und Verbote Gottes oder der Kirche zu orientieren. Doch eine Regierung, die sich eben auf solche Traditionen beruft, unterdrückt damit die Meinung nicht-religiöser (hier mehr noch nicht-christlicher) Menschen bzw. benachteiligt sie, indem man ihnen die Möglichkeit auf einen Freitod durch die aktive Sterbehilfe entzieht. Somit verweigert man Herrn A. das Recht auf den eigenen Freitod und missachtet seine Menschenwürde, indem man in Bezug auf die Gewalt Gottes die Tötung seiner selbst unterbindet. Gerade wenn Herr A. auch noch zu den Menschen gehört, die sich von der Kirche abgekehrt haben oder gar niemals etwas mit ihr zu tun hatten, kommt es zu einer strengen Form der Missachtung seiner Meinungsfreiheit.

Gebote und Verbote kommen jedoch nicht nur aus dem Bereich der Religionen, auch Klauseln verschiedener Berufsgruppen beziehen sich oft auf Regelwerke, so wie es in der Medizin der Fall ist: Schon aus dem Hippokratische Eid lässt sich eine Tendenz gegen die Sterbehilfe herausinterpretieren. Der dritte Artikel des Eides drückt sich dabei wie folgt aus:

„Auch werde ich niemandem ein tödliches Mittel geben, auch nicht, wenn ich darum gebeten werde, und werde auch niemanden dabei beraten; (…)."[63]

Mit diesem Verbot wird jedoch die Sterbehilfe als Ganzes bereits abgelehnt. Viele Ärzte sehen hierin die Bestätigung dafür, sich gegen die Sterbehilfe, zumindest die aktive, zu entscheiden. Bestärkt werden sie dabei durch die moderne Fassung dieses Eides, der Berufsordnung:

„Der Arzt darf – unter Vorrang des Willen des Patienten – auf lebensverlängernde Maßnahmen nur verzichten und sich auf die Linderung der Beschwerden beschränken, wenn ein Hinausschieben des unvermeidbaren Todes für die sterbende Person lediglich eine unzumutbare Verlängerung des Leidens bedeuten würde. **Der Arzt darf das Leben des Patienten nicht aktiv verkürzen.** (…)"[64]

---

63 U. Wiesing: Der Hippokratischer Eid. Artikel 3. S.41.
64 Bundesärztekammer: Die Berufsordnung. § 16. S.86. Vgl. dazu J. Rachels: Aktive und passive Sterbehilfe. S.254.

Bei diesem Gebot bzw. Verbot liegt die Schwierigkeit bei dem letzten Satz, der den Ärzten klar die aktive Sterbehilfe verbietet. Somit scheint die medizinische Rechtslage klar: Passive und indirekte Sterbhilfe ja, aktive Sterbehilfe nein. Wie oben jedoch angesprochen ist die Unterscheidung zwischen indirekter und aktiver Sterbehilfe nicht immer deutlich, weil es im Grunde genommen auf die Absicht des Arztes ankommt. Wenn also die indirekte Sterbehilfe, die in Deutschland nach dem Gesetz erlaubt ist, der aktiven Sterbehilfe gleichkommt (viele setzen grundsätzlich beide Arten unter der aktiven fest[65]), würde ihre Anwendung aber gegen diese Berufsordnung verstoßen, womit man wieder bei gegensätzlichen Aussagen von Gesetzen angekommen ist. Denn es muss auch dahin ein Umdenken geschehen, dass man schon aus rechtlichen Gründen die Unterscheidung der indirekten von der aktiven Sterbehilfe nicht nur von der Absicht des Arztes abhängig machen kann, das ist nämlich ein Kriterium, welches sich nicht einwandfrei, wenn überhaupt, nachweisen lässt.[66] Damit kommt man zu dem Schluss, dass auch Gebote und Verbote aus der Berufsordnung der Ärzte nicht als striktes Argument gegen die uneingeschränkte Sterbehilfe gelten können, solange nicht die Gesetzeslagen der verschiedenen Institutionen (Regierung, Berufsordnung) übereinstimmen bzw. nicht widersprüchlich erscheinen.

Das Euthanasie-Problem in Deutschland

In Deutschland wird mit der Sterbehilfe ein sehr dunkles Zeitalter verbunden: Der Nationalsozialismus. Die Erfahrungen aus dieser Zeit haben wohl sehr dafür gesorgt, dass die Sterbehilfe zum strikten Tabuthema geworden ist.[67] Damals kam es zu einem beispiellosen Missbrauch der Sterbehilfe an behinderten Menschen. Man verkaufte den Menschen die Massentötungen als eine Art friedliches Sterben, da sie ja aufgrund ihrer Behinderungen nur ein qualvolles Leben zu erwarten hätten. Hitler gab den Befehl und unzählige Ärzte befolgten ihn:

---

65 M.-O. Baumgarten: The Right to Die? S.149.
66 F. Thiele: Aktive und passive Sterbehilfe. S.17.
67 H. Küng: Menschenwürdig sterben. S.45,48.

"(…), die Befugnisse namentlich zu bestimmender Ärzte so zu erweitern, dass nach menschlichem Ermessen unheilbar Kranken bei kritischster Beurteilung ihres Krankheitszustandes der Gnadentod gewährt werden kann."[68]

Damit wurde ein weiterer Schritt in der Durchführung einer absurden Rassenideologie gemacht und sehr klare Missverständnisse bezüglich des Wesens der Sterbehilfe auch für die Zukunft geschürt. Das Trauma von damals hält bis heute an und lässt sowohl Regierung als auch die Gesellschaft vor einer Umsetzung der uneingeschränkten Sterbehilfe aufgrund möglicher Missbräuche zurückschrecken. Erst muss dieses Trauma überwunden werden, bevor sich hier zu Lande ein Kurswechsel einstellen kann und Umsetzungsvorschläge eingebracht werden können. Denn mit dem Verweis auf Missbräuche kann fast jedes Projekt oder Unterfangen bereits in seinem Ansatz negiert werden. Der Aufruf zu komplexen Vorschlägen, die diese Missbräuche verhindern können, wird lauter. Doch ein solch perfektes System, das keinerlei Fehler zulässt, ist kaum umsetzbar, denn federführend ist dabei immer der Mensch selbst, der, auch wenn nur unabsichtlich, dennoch nicht fehlerfrei ist: *Errare humanum est.* Dies gilt jedoch nicht nur für die Diskussion um die Sterbehilfe, sondern betrifft sämtliche, wenn nicht gar alle Bereiche. Demnach kann die Erfahrung des Nationalsozialismus auf längere Sicht gesehen kein starkes Argument gegen die uneingeschränkte Sterbehilfe bleiben,[69] weil sie keinen wirklichen Grund darstellt, warum man Herrn A. nicht die benötigte Sterbhilfe zukommen lassen könnte. Zudem ist in der Situation von Herrn A. kein Missbrauch festzumachen, denn es ist dessen ausdrücklicher Wille, zu sterben und dabei auch die Hilfe anderer in Anspruch zu nehmen. Von einem Missbrauch oder Missverständnissen auszugehen, wäre möglicherweise hierbei nur dann der Fall, wenn Herr A. nicht selbst den Willen geäußert hätte, weil er z.B. im Koma liegt. Früher oder später entscheiden meistens die Angehörigen oder die Ärzte selbst für Herrn A., wann es soweit ist, dass die Maschinen abgestellt werden oder eine Behandlung abgebrochen wird. Hier wäre dann natürlich ein größerer

---

68 A. Hitler: Brief vom 01.09.1939. S.60.
69 F. Thiele: Aktive und passive Sterbehilfe. S.13. Vgl. dazu E. Schockenhoff: Sterbehilfe und Menschenwürde. S.62.

Spielraum für „kriminelle" oder „inhumane" Machenschaften gegeben, der jedoch durch die richtigen Instanzen des Rechts und der Medizin wirkungsvoll eingedämmt werden kann.

Man müsste das obige Zitat eigentlich nur durch wenige Worte ergänzen und man hätte einen idealen Grundsatz für die uneingeschränkte Sterbehilfe:

> „(…), die **Befugnisse** der Ärzte so zu erweitern, dass nach menschlichem Ermessen unheilbar Kranken bei **kritischster Beurteilung** ihres Krankheitszustandes der **Freitod, gegebenenfalls auch durch die uneingeschränkte Sterbehilfe,** gewährt werden kann, **nachdem der Kranke den Willen dazu frei geäußert hat.**"[70]

Um durch diesen Grundsatz Missbräuche und Missverständnisse zu vermeiden, wären dabei besonders die Begriffe „Befugnisse" und „kritischste Beurteilung" in ihrem Umfang und ihrer Art deutlich näher in weiteren Paragraphen des Rechts und der Medizin zu klären.[71]

Fazit: Das Recht freiwillig zu sterben

Herr A. kann nach den geltenden Gesetzen derzeit nur auf die passive oder indirekte Sterbehilfe hoffen, d.h. für ihn, dass er sich der Behandlung durch Maschinen widersetzen und eine Linderung seiner Schmerzen verlangen kann, um die Lebensverlängerung zu verhindern und auf den „natürlichen" Tod zu warten. Doch eine sofortige Schmerzbefreiung und die „Erlösung" durch einen schnellen und gegebenenfalls friedlichen Tod kann er nicht beanspruchen. Die Rechtslage unterdrückt hierbei seine Willensautonomie und Selbstbestimmung, auf die er im Sinne seiner Würde verzichten muss. Der behandelnde Arzt ist, ob er es will oder nicht, an diese Rechtslage gebunden und kann deshalb dem Wunsch von Herrn A. nur sehr bedingt nachkommen.

In der Antike liegt bereits der Ansatz für das Recht, freiwillig aus dem Leben zu scheiden. Die Eudaimonie legt einen Grundsatz für das gute, bzw. lebenswerte Leben dar, nach dem der Mensch den Freitod wählen

---

70 Eigene Darstellung. Nach: A. Hitler: Brief vom 01.09.1939.
71 H. Küng: Menschenwürdiges Sterben. S.65f. Dies zeigt die Möglichkeiten, wie man die aktive Sterbehilfe an Bedingungen knüpfen kann, um Missverständen vorzubeugen.

kann, sofern die Verwirklichung eines guten Lebens nicht mehr umsetzbar ist. Er hat damit eine moralische Rechtfertigung. Diesem Grundsatz müssen auch staatliche Institutionen Folge leisten, wenn sie die Unantastbarkeit der Menschenwürde als oberstes Prinzip besitzen. Denn die Verweigerung der Sterbehilfe, sei es aktiv oder passiv, stellt eine Verletzung dieser Würde dar und nimmt dem Menschen das Recht, ein gutes Leben durch einen friedlichen und würdigen Tod zu beenden. Es müssen historisch bedingte Missstände und dogmatische Verbote und Gebote überwunden werden, um zu eindeutigen Gesetzesvorlagen zu gelangen, die nicht in sich widersprüchlich sind oder gar mit anderen Gesetzen in Konflikt geraten können. Darum muss es zu einem Umdenken in den Religionen, der medizinischen Behandlung und der Rechtslage kommen, die die stärkste Gegenposition ausmachen. Gerade aber die Religion muss dabei entschieden in ihrem Einfluss gehemmt werden, da sie heute nicht mehr annähernd die Bedeutung für die Menschen besitzt, wie es noch im Mittelalter oder zu Beginn der Neuzeit der Fall gewesen ist. Die Menschheit ist aufgeklärter und muss dementsprechend behandelt werden. Der Freitod ist nun mal nicht in jedem Fall auch der dogmatisch verbotene Selbstmord. Der Mensch hat das Recht auf Selbstbestimmung, also auch auf den freiwillig gewählten Freitod.

Literaturverzeichnis

Baumgarten, Mark-Oliver: The Right to Die? Rechtliche Probleme um Sterben und Tod. Suizid – Sterbehilfe – Patientenverfügung – „Health Care Proxy" – Hospiz im internationalen Vergleich. Peter Lang AG Europäischer Verlag der Wissenschaften, Bern 1998.

Bundesärztekammer: Die Berufsordnung. in: Wiesing, Urban (Hrsg.): Ethik in der Medizin. Ein Studienbuch. Stuttgart 2004. S.71-86.

Bundeszentrale für politische Bildung (Hrsg.): Grundgesetz für die Bundesrepublik Deutschland. Bonn 2002.

Albin Eser: Möglichkeiten und Grenzen der Sterbehilfe aus der Sicht eines Juristen. in: Küng, Hans (Hrsg.): Menschenwürdig sterben. Ein Plädoyer für Selbstverantwortung. Piper GmbH & Co. KG. München 1995. S.149-184.

Hitler, Adolf: Brief vom 1.September 1939. aus: Medizin im Nationalsozialismus. in: Wiesing, Urban (Hrsg.): Ethik in der Medizin. Ein Studienbuch. Stuttgart 2004. S.60.

Kamlah, Wilhelm: Philosophische Anthropologie. Sprachkritische Grundlegung und Ethik. Bibliographisches Institut. Mannheim 1973.

Küng, Hans (Hrsg.): Menschenwürdig sterben. in: Küng, Hans (Hrsg.): Menschenwürdig sterben. Ein Plädoyer für Selbstverantwortung. Piper GmbH & Co. KG. München 1995. S.13-86.

Rachels, James: Aktive und passive Sterbehilfe. aus: Euthanasie. in: Sass, Hans-Martin (Hrsg.): Medizin und Ethik. Stuttgart 1994. S.254-264.

Rüegger, Heinz: Sterben in Würde? Nachdenken über differenziertes Würdeverständnis. NZN Buchverlag AG. Zürich 2003.

Schockenhoff, Eberhard: Sterbehilfe und Menschenwürde. Begleitung zu einem eigenen Tod. Friedrich Pustet Verlag. Regensburg 1991.

Thiele, Felix (Hrsg.): Aktive und Passive Sterbehilfe. Medizinische, rechtswissenschaftliche und philosophische Aspekte. Wilhelm Fink Verlag. München 2005.

Weber, Christian: Der Gottesinstinkt. in: Focus. Das moderne Nachrichtenmagazin. Ausgabe 52/2006.

Weinkauf, Wolfgang (Hrsg.): Die Philosophie der Stoa. Ausgewählte Texte. Reclam Verlag. Stuttgart 2001.

Wiesing, Urban: Der Hippokratische Eid. in: Wiesing, Urban (Hrsg.): Ethik in der Medizin. Ein Studienbuch. Stuttgart 2004. S.36-42

Maria Röttger (2009): Beihilfe zum Suizid und aktive Sterbehilfe im Kontext von Menschenwürde und Autonomie. Eine Auseinandersetzung auf praktischer, ethischer und theologischer Ebene

Einleitung

Wiederholt wird in Deutschland in den letzten Jahren über die Selbstbestimmung im Sterbeprozess debattiert. Man diskutiert über die Gültigkeit von Patientenverfügungen, rechtmäßigem Behandlungsabbruch und darüber, ob die Tötung von unheilbar Kranken auf deren ausdrücklichen Wunsch hin nicht nur ausnahmsweise möglich, sondern ein ethisches Erfordernis sein kann.[72] Das folgende Interview, veröffentlicht am 09.07.2008 auf Spiegel Online, verdeutlicht die Sicht einer Patientin mit aussichtsloser, sog. infauster Prognose:

> „Seit 65 Jahren leidet Ingrid Sander an Kinderlähmung. Sie hat chronische Schmerzen, ihre Nerven sterben ab, die Muskeln schwinden. Die 70-Jährige will selbstbestimmt sterben und fordert: ‚Ein Arzt darf sich nicht strafbar machen, wenn er mir die nötigen Medikamente verschreibt.' [...]
>
> **Spiegel Online:** Geht es Ihnen so schlecht?
>
> **Sander:** Mein Körper ist völlig verbraucht, er wird vom Schmerz beherrscht. Vor einiger Zeit habe ich noch geglaubt, man brauche sich davon nur abzulenken und ein paar Pillen zu nehmen. Doch das funktioniert nicht mehr. [...]
>
> **Spiegel Online:** Aber es gibt doch Schmerzmittel, die helfen, heißt es immer wieder.
>
> **Sander:** Das ist eine dreiste Lüge, wenn behauptet wird, mit Opiaten könne man alle Schmerzen in den Griff bekommen. Jeder, der damit zu tun hat, weiß das. Auch die Ärzte in den Hospizen wissen es, sie sagen es nur nicht öffentlich. Erst am letzten Wochenende hatte ich wieder so einen Schmerzanfall, der springt einen plötzlich an wie ein Tiger. Das Morphin begann erst Stunden später zu wirken, bis dahin macht man die Hölle durch. [...]
>
> **Spiegel Online:** Gibt es keine Aussicht auf Besserung?
>
> **Sander:** Ich merke, dass es immer weniger wird, was ich machen kann, dass ich immer weniger Kraft habe. Meine Nerven sterben ab, meine Muskeln schwinden. Ich befinde mich auf einer schiefen Ebene, die zwangsläufig in den Tod führt. Ständig verschlechtert sich mein Zustand. Seit letztem Jahr kam Diabetes und ein Lymphstau hinzu. Ich muss nachts Sauerstoff inhalieren, mehrere Stürze zertrümmerten das rechte Knie, den rechten Oberschenkel. Es ist nur noch ein verzweifeltes Rudern gegen den Strom. [...]

---

72 Vgl. Woellert/Schmiedebach (2008), 7.

Spiegel Online: Wie möchten Sie sterben?

Sander: In einem Bett, zu Hause. Und nicht erst, wenn ich zum besinnungslosen Fleischklumpen mutiert bin. Ich möchte mein Ende bewusst gestalten. Ich will mich von meinen Kindern und Freunden verabschieden und dabei diesen Cocktail trinken, um friedlich zu entschlummern. Wenn sie wollen, dann sollten sie dabei sein können, ohne Angst vor Strafen.

Spiegel Online: Was hindert Sie daran, diesen Plan zu verwirklichen?

Sander: Ich komme weder legal noch illegal an einen solchen Cocktail. Ich habe auch keine 6000 Euro, um damit zum Sterben in die Schweiz zu fahren. Selbstbestimmtes Sterben mit Begleitung muss endlich auch hier in Deutschland legal werden. Ein Arzt darf sich nicht strafbar machen, wenn er mir die nötigen Medikamente verschreibt. Es dürfen ihm auch keine standesrechtlichen Sanktionen drohen, wie das jetzt noch der Fall ist. Der selbstbestimmte Tod muss endlich entmystifiziert werden. Niemand darf da durch neue Gesetze in eine Grauzone von Kriminalität und Illegalität hineingedrängt werden.

Spiegel Online: Wann ist für Sie der Tag zum Sterben gekommen?

Sander: Noch nicht heute oder morgen. Ich brauche ja Hilfe bei der Beschaffung und Einnahme meines Sterbetrankes. Das will gut vorbereitet sein. Ich bin bereit, ein Präzedenzfall zu sein, das ist mein gutes Recht. Vielleicht dauert es noch eine Weile. Bis dahin will ich noch jede gute Stunde genießen. Die Freuden werden kleiner, aber jede erträgliche Nacht lässt mich noch etwas länger leben. Ich bin ja nicht lebensmüde, ich bin nur Realist und weiß, es geht irgendwann nicht mehr. Den Tag, an dem ich sterbe, möchte ich dann selbst bestimmen."[73]

Die Patientin prognostiziert, dass ihr Leiden in Zukunft so ihre Lebensqualität vermindern wird, dass sie andere um Hilfe bitten wird, ihr Leben beenden zu können. Aus ethischer Sicht ist fraglich, ob man ihr das Recht auf einen derart selbstbestimmten Tod zusprechen kann. Zeigt sich in der Bestimmung des eigenen Todeszeitpunktes die höchste Form der Autonomie des Individuums oder sind wir nicht gerade dann, wenn wir um Lebensbeendigung bitten, völlig unfrei, weil unser Leben durch ein schweres Leid fremdbestimmt wird?

Ein weiterer moralischer Aspekt bezieht sich auf diejenigen, die der Frau beim Suizid helfen bzw. wenn sie selbst nicht mehr dazu in der Lage wäre, die die Tötungshandlung an ihr vornehmen würden. Wann darf man jemandem darin zustimmen, dass sein Leben nicht mehr lebenswert ist?

---

73 Wensierski (2008).

Auf die Gesellschaft bezogen lässt sich feststellen, dass abgesehen von den öffentlichen Diskussionen Tod und Sterben im Allgemeinen Themen sind, die lieber vermieden werden. Viele Menschen haben Angst vor einem eigenen qualvollen Sterben und fürchten ebenso den Verlust naher Angehöriger. Als Grund für diese Befürchtung kann die Säkularisierung angeführt werden, da der christliche Glaube an ein Leben nach dem Tod für viele Menschen nicht mehr als Trost und Hoffnung dient. Daneben ist aber auch der medizinische Fortschritt einhergehend mit einer zunehmenden Technisierung ein Grund dafür, dass sich das gesellschaftliche Meinungsbild zum Sterbeprozess modifiziert hat.[74] Der Punkt, an dem Ärzte[75] wie früher sagen konnten, „hier ist nichts mehr zu machen" ist nicht mehr klar zu definieren, sondern ist zu einem diffusen Suchen nach weiteren Therapiemöglichkeiten geworden. In vielen Fällen bedeutet das Ausreizen von therapeutischen Möglichkeiten jedoch keine Verbesserung der Lebensqualität, sondern eine Verlängerung des Leidens- und Sterbeprozesses. Gleichzeitig steht es außer Frage, dass die medizinischen Techniken unverzichtbar sind. Dabei bringen sie allerdings die Paradoxie mit sich, dass sich der Patient entscheiden *muss*, ob und wie die Technik in seinem Fall angewendet werden soll.[76]

In dieser Arbeit werden zunächst die für das Verständnis der Thematik notwendigen Begrifflichkeiten definiert und zugleich juristische Aspekte benannt, da diese zur Definition beitragen. Dann sollen exemplarisch die Vorgehensweise der schweizerischen Organisation EXIT und die Praxis der aktiven Sterbehilfe in den Niederlanden vorgestellt werden.

Um sich der ethischen Kontroverse anzunähern, bedarf es zunächst einer Untersuchung von sozialen Einflussfaktoren, die in der Debatte um Sterbehilfe häufig angeführt werden. Im Hauptteil der Arbeit erfolgt die ethische Auseinandersetzung mit aktiver Sterbehilfe und Suizidbeihilfe unter Bezugnahme auf die ethischen Werte Autonomie und Menschenwürde. In Ergänzung zu den genuin ethischen Aspekten werden christlich-theologische

---

74 Vgl. Woellert/Schmiedebach (2008), 7.

75 Anm.: In dieser Arbeit findet ausschließlich aus Gründen der einfacheren Lesbarkeit bei Personen- und Berufsbezeichnungen das generische Maskulinum Verwendung. In den entsprechenden Fällen sind ebenso weibliche wie männliche Personen impliziert.

76 Vgl. Römelt (2002), 4-6.

Argumentationen zum Thema angeführt und Schlussfolgerungen für Kirche und Theologie abgeleitet. Da die Auseinandersetzung um menschenwürdiges Sterben immer in Abhängigkeit mit der klinischen Praxis stattfindet, sollen ebenso Konsequenzen für die Medizin und Pflege angeführt werden. Dabei liegt ein Fokus auf der Patientenautonomie und dem Fachbereich Palliative Care.

Die Entscheidung für oder gegen assistierten Suizid oder aktive Sterbehilfe liegen sowohl beim Patienten als auch beim Arzt.[77] Da die Arbeit aber nicht in erster Linie auf Handlungsempfehlungen für die Ärzteschaft abzielt, sondern aus individualethischer Perspektive argumentiert, ob jemand prinzipiell über den eigenen Todeszeitpunkt bestimmen darf, werden die Beihilfe zum Suizid und die aktive Sterbehilfe nicht durchgängig differenziert und häufig allgemein als *Sterbehilfe* benannt. Wenn doch eine differenzierte Betrachtungsweise nötig ist oder nur auf eine Maßnahme Bezug genommen wird, wird dies explizit benannt. Des Weiteren ist es unumgänglich, bestimmte Aspekte aus der Argumentation weitestgehend auszuklammern. So kann auf die prinzipielle Unverfügbarkeit des menschlichen Lebens nur im Zusammenhang mit anderen Aspekten, jedoch nicht im Besonderen eingegangen werden. Desgleichen werden der moralische Unterschied zwischen Handeln und Unterlassen, das Dilemma des Sterbewunsches bei psychischen Erkrankungen, sowie die Sterbehilfe in der Neonatalogie nicht näher analysiert, da sie den Rahmen der Arbeit überschreiten würden.

Ziel der Arbeit soll folglich eine Betrachtung aus individualethischer Perspektive sein. Dazu gilt es befürwortende wie ablehnende Positionen aufzuzeigen. Im Fazit soll eine Entscheidung zur Sterbehilfe – wenn möglich – auf ethischer Ebene getroffen werden. Zumindest soll auch anhand der

---

77 Anm.: Aus Patientenperspektive kann man so argumentieren, dass kaum ein Unterschied zwischen den Maßnahmen besteht. In beiden Fällen muss der Wunsch zur Sterbehilfe ernstlich und frei sein und ist an die Voraussetzung einer infausten Prognose oder eines unerträglichen Leidens gebunden (Vgl. Kapitel 3.1). Eine Tötung auf Verlangen kann als eine „verlängerte Selbsttötung" betrachtet werden. Zwar übernimmt derjenige, der sterben will, nicht die Tatherrschaft, aber dadurch, dass der Wunsch getötet zu werden, vom Opfer ausgeht, entspricht die Tat seinem Willen und kann wie eine Selbsttötung betrachtet werden (Vgl. Beckmann 2004, 227). Aus der Sicht des Arztes handelt es sich ethisch betrachtet jedoch um zwei unterschiedlich zu wertende Handlungen: Im Fall der aktiven Sterbehilfe führt der Arzt die Tötung selbst aus und er übernimmt die Tatherrschaft. Beim assistierten Suizid liegt die Durchführung beim Suizidenten, der Arzt trägt nur bedingt eine Verantwortung.

sozialen, praktischen und theologischen Aspekte begründet Stellung bezogen werden.

Begriffsbestimmungen und Rechtsgrundlagen

Auch wenn sich diese Arbeit in erster Linie mit den Bereichen der aktiven Sterbehilfe und der Beihilfe zum Suizid auseinandersetzt, ist es unumgänglich, auch weiterführende Begriffe zu konkretisieren. Nur durch die Abgrenzung von anderen medizinischen und pflegerischen Maßnahmen am Lebensende können die aktive Sterbehilfe und die Beihilfe zum Suizid für das Verständnis der darauf folgenden Argumentationen hinreichend definiert werden. Nur schlagwortartige Bestimmungen reichen nicht aus, um die häufig synonym oder modifiziert verwendeten Begriffe[78] zu verdeutlichen. Außerdem ist es nahe liegend, in diesem Zusammenhang gleichzeitig auf die juristischen Gegebenheiten einzugehen.

Sterbehilfe

Die *Sterbehilfe* bzw. das *medizinisch assistierte Sterben* meint medizinische Maßnahmen, die direkt oder indirekt, intendiert oder konzediert zum Tod eines Menschen führen, also eine Hilfe *zum* Sterben. Kritisiert wird vielfach der Terminus „Hilfe", da hierdurch zum einen deutlich wird, dass Mediziner oder Pflegende als Handelnde dem Patienten zu etwas „verhelfen". Zum anderen wird der Ausdruck als zu affirmativ für die strafbare aktive Sterbehilfe angesehen. Die Bundesärztekammer spricht sich deshalb für die Verwendung des Begriffes „Sterbebegleitung" aus.[79] In dieser Arbeit soll trotz der genannten Kritik der Terminus „Sterbehilfe" verwandt werden, um eine einfache Verständlichkeit zu sichern.

Aktive Sterbehilfe (auch „Sterbenachhilfe"[80]) bezeichnet medizinische Maßnahmen bei Schwerkranken oder Sterbenden, die den Tod vorzeitig verursachen. Dies kann z.B. durch eine tödliche Injektion erfolgen. Ziel der Maßnahmen ist die Beschleunigung des Sterbens bzw. die

---

78 Vgl. Duttge (2006), 36-38.
79 Vgl. Woellert/Schmiedebach (2008), 17f.
80 Schara/Beck (1998), 445.

Lebensbeendigung.[81] Im weiteren Verlauf der Arbeit soll primär die freiwillige Form[82] der aktiven Sterbehilfe betrachtet werden, d.h. dass davon ausgegangen wird, dass der Patient um eine Tötungshandlung bittet und er der Maßnahme bewusst und ohne jeden Zwang zustimmen kann.[83]

Juristisch wird die aktive Sterbehilfe in Deutschland als *Tötung auf Verlangen* bestimmt und damit ist sie strafbar. Es handelt sich hierbei um ein Tötungsdelikt nach §216 StGB, bei dem die sog. Tatherrschaft beim Helfer liegt.[84] Das Strafmaß wird jedoch verhältnismäßig gering gehalten (6 Monate bis 5 Jahre Freiheitsentzug[85]).

Während in den meisten anderen Ländern auch der Begriff *Euthanasie* für aktive Sterbehilfe Verwendung findet, ist dieser Begriff in Deutschland seit dem Nationalsozialismus mit der „Vernichtung lebensunwerten Lebens" behaftet und deshalb zu meiden.[86] Etymologisch bedeutet der griechische Begriff soviel wie guter oder sanfter Tod („eu" = gut, „thanatos" = Tod) und in der Antike bezeichnete er ursprünglich die Idee eines würdevollen und schmerzfreien Todes nach einem vollendeten Leben.[87] Mit Roger Bacon (1219-1294) gewann der Begriff die Bedeutung der absichtlichen Herbeiführung des Todes auf Wunsch eines unheilbar kranken Menschen im Sinne der oben beschriebenen aktiven Sterbehilfe.[88]

Im Dritten Reich fand ab 1939 eine Umsetzung der schon in der Weimarer Republik diskutierten Vernichtung „lebensunwerten" Lebens statt. In einem vom Hitler-Regime geheim gehaltenen Euthanasieprogramm wurden in getarnten Vernichtungszentren mehr als 160 000 Kinder und Erwachsene

---

81 Vgl. Woellert/Schmiedebach (2008), 19.
82 Anm.: Davon zu unterscheiden ist die nicht-freiwillige Sterbehilfe, bei der der Patient sich krankheitsbedingt nicht äußern kann und sein mutmaßlicher Wille ermittelt werden muss, und die unfreiwillige Sterbehilfe, die ohne Berücksichtigung des Patientenwillens oder gegen diesen durchgeführt wird.
83 Vgl. a.a.O., 23.
84 Vgl. Heidemann (1992), 225.
85 Vgl. StGB, §216 Abs. 1.
86 Vgl. Eibach (1976), 245.
87 Vgl. Woellert/Schmiedebach (2008), 14.
88 Vgl. Heidemann (1992), 225.

getötet, deren Leben aufgrund von Behinderungen, psychischen Erkrankungen oder anderen Ursachen als „lebensunwert" erachtet wurde.[89] Wegen dieser Vorgeschichte ist der Terminus *Euthanasie* höchst emotional besetzt und gibt u.a. Anlass zu Misstrauen in die Ärzteschaft.[90] Deshalb soll er auch in dieser Arbeit außer in Zitaten keine Verwendung finden.

Passive Sterbehilfe lässt sich als das Zulassen von Sterben definieren. Lebenserhaltende Maßnahmen werden eingestellt oder gar nicht erst aufgenommen. Die medizinische Versorgung beschränkt sich auf eine Basisversorgung.[91] D.h. „verzichtet werden kann insbesondere auf alle lebensverlängernden Maßnahmen wie insbesondere künstliche Wasser- und Nahrungszufuhr, Sauerstoffzufuhr, künstliche Beatmung, Medikation, Bluttransfusion und Dialyse."[92] Die Bundesärztekammer legt in ihren Grundsätzen zur ärztlichen Sterbebegleitung fest, dass vorrangig keine Verlängerung des Leidens bewirkt werden soll, wenn der Eintritt des Todes vorhersehbar ist.[93]

Auch wenn es mitunter aktive Handlungen des Behandelnden sind, wie z.B. das Abschalten des Beatmungsgerätes, wird der Vorgang als passive Sterbehilfe definiert, da der Patient wieder dem ursprünglich ablaufenden Sterbeprozess überlassen wird.[94]

Unter *indirekter Sterbehilfe* versteht man Maßnahmen bei Sterbenden und Schwerstkranken, die dazu dienen, Leiden zu mindern. Als Nebenwirkung kann eine Beschleunigung des Sterbeprozesses in Kauf genommen werden. Z.B. kann die Verabreichung von Morphinen zur Schmerztherapie dazu führen, dass sich die Lebenserwartung verringert. Vorrangiges

---

89 Vgl. Benzenhöfer (1999), 109-129.
90 Vgl. Eibach (1976), 245.
91 Vgl. Woellert/Schmiedebach (2008), 18f.
92 Schara (1998), 446.
93 Vgl. Bundesärztekammer (2004).
94 Vgl. Woellert/Schmiedebach (2008), 18f.

Behandlungsziel ist dennoch die Leidensminderung und nicht die Sterbeprozessbeschleunigung.[95]

Als „*terminale*" oder auch „*palliative*" *Sedierung* wird der Einsatz von sedierenden Medikamenten in der Sterbephase bezeichnet. Sedativa sind Medikamente, die das Schmerzempfinden reduzieren und eine Bewusstlosigkeit verursachen können. Von einer terminalen Sedierung im engeren Sinne kann nur gesprochen werden, wenn die Medikamente in der finalen Lebensphase eingesetzt werden und der Patient vor seinem Tod das Bewusstsein nicht wiedererlangt. Die Legitimität einer Sedierung am Lebensende ist noch nicht hinlänglich geklärt. Sofern sie der Leidensminderung dient, ist sie als indirekte Sterbehilfe zu klassifizieren und demnach erlaubt. Wenn sie das Ziel verfolgt, das Leben vorzeitig zu beenden, ist sie als aktive Sterbehilfe illegitim.[96]

Passive und indirekte Sterbehilfe gelten in Deutschland juristisch als zulässig, vorausgesetzt der erklärte oder mutmaßliche Wille des Patienten liegt vor und der Sterbeprozess hat begonnen oder es besteht eine infauste Prognose.[97]

An den dargestellten Terminologien wird kritisiert, dass eindeutige Unterscheidungen nicht in allen Fällen möglich sind und die Begrifflichkeiten sogar Verunsicherungen in der Ärzteschaft hervorrufen. An der Unterscheidung zwischen aktiver und passiver Sterbehilfe wird beispielsweise beklagt, dass auch das Unterlassen von Handlungen eine aktive Entscheidung des Arztes voraussetzt bzw. dass das Einstellen von Maßnahmen u.U. auch eine aktive Handlung sein kann. Ebenso ist der Terminus der indirekten Sterbehilfe umstritten: Mit der Verabreichung von schmerzstillenden Medikamenten sei weder direkt noch indirekt der Tod des Patienten intendiert und somit werde die eigentliche Maßnahme, die per se der Leidensminderung diene, mit dem Begriff nicht erfasst. Gleichwohl kann eine aktive Sterbehilfe als indirekte Sterbehilfe verschleiert werden.[98]

---

95 Vgl. ebd.
96 Vgl. Frewer (2005), 812.
97 Vgl. Woellert/Schmiedebach (2008), 29.
98 Vgl. a.a.O., 19f.

Die *Beihilfe zur Selbsttötung/zum Suizid*, die *Freitodbegleitung* bzw. der *assistierte Suizid* ist grundsätzlich ähnlich einzuschätzen wie die aktive Sterbehilfe, da es sich auch hier um Maßnahmen der sog. Sterbenachhilfe handelt, also Maßnahmen, die den Tod eines Menschen auf dessen Wunsch hin herbeiführen sollen. Allerdings ist die Beihilfe zum Suizid systemisch anders zu klassifizieren: Hierbei liegt nämlich die Tatherrschaft beim Suizidenten und dieser macht sich nach geltendem Recht in Deutschland mit einer Selbsttötung nicht strafbar. Auch derjenige, der dem Suizidenten bei den Suizidvorbereitungen hilft (meistens durch Beschaffung eines tödlichen Medikaments), macht sich nicht strafbar, solange er nicht die Tatherrschaft übernimmt.[99] Allerdings kann er sich wegen unterlassener Hilfeleistung (§13 StGB) oder u.U. auch wegen Tötung auf Verlangen (§216 StGB) strafbar machen.[100] Die Bundesärztekammer gibt an, dass eine Mitwirkung bei einer Selbsttötung dem ärztlichen Ethos widerspricht.[101]

Im europäischen Ausland sind die aktive Sterbehilfe und die Beihilfe zum Suizid unter bestimmten Bedingungen erlaubt. Da die dortigen Vorgehensweisen und Erfahrungen immer wieder zur Debatte um Sterbehilfe in Deutschland herangezogen werden, sollen sie im folgenden Kapitel beispielhaft vorgestellt werden.

Sterbebegleitung

Sterbebegleitung meint die Sterbehilfe im eigentlich ärztlichen Sinn, nämlich die Hilfe *im* Sterben. Sterben ist für manche Menschen ein langwieriger und sehr schwerer Prozess, im dem sie viel Zuwendung benötigen. Wenn sich abzeichnet, dass ein Patient im Sterben liegt, also eine irreversible Krankheit oder ein Trauma mit infauster Prognose besteht, ist es die Pflicht aller Behandelnden, dem Sterbenden durch Beistand und Pflege zu helfen.[102]

Maßnahmen der Sterbebegleitung können in den Bereich der passiven Sterbehilfe fallen. Ärzte und Pflegende sind dazu verpflichtet, alles zu

---

99 Vgl. Leicht (2005).
100 Vgl. Woellert/Schmiedebach (2008), 30.
101 Vgl. Bundesärztekammer (2004).
102 Vgl. Schara (1998), 445.

versuchen, um die Leiden des Patienten möglichst gering zu halten. Ob damit eine Beschleunigung des Sterbeprozesses erfolgt, ist in dem Fall zweitrangig. Aber nicht nur die physische Hilfeleistung ist geboten, der sicherlich wichtigste Aspekt der Sterbebegleitung liegt in der psychischen Betreuung. Viele Menschen haben Angst, in Einsamkeit zu sterben und gerade in der Ambivalenz zwischen dem Wunsch zu sterben und dem Wunsch geheilt zu werden, benötigen Sterbende Begleitung und Einfühlungsvermögen der Betreuungspersonen.[103]

Zur Verbesserung der Sterbebegleitung dienen Palliativmedizin/-pflege und Hospize, bei denen Maßnahmen angewandt werden, die ausschließlich die Symptome und nicht mehr die Ursachen einer Erkrankung therapieren. Das Behandlungsziel liegt im Erhalt einer möglichst hohen Lebensqualität. Während Palliativstationen meist in ein Krankenhaus integriert sind, sind Hospize eigenständige Einrichtungen.[104] In Hospizen befinden sich die Patienten stets in der letzten Lebensphase, so dass hier auch von „terminal care" gesprochen werden kann.[105]

Praktische Umsetzung

Die praktische Umsetzung von Beihilfe zum Suizid und aktiver Sterbehilfe kann im Rahmen dieser Arbeit nicht erschöpfend ausgearbeitet werden. Deshalb sollen exemplarisch die schweizerische Sterbehilfeorganisation EXIT, die Freitodbegleitungen (FTB) anbietet, und die niederländische Praxis der aktiven Sterbehilfe vorgestellt werden. Ferner kann keine ausführliche Kritik zu den Praktiken vorgenommen werden, da sich die Arbeit in erster Linie mit den ethischen Aspekten der Sterbehilfe befasst.

Die so genannte Sterbehilfeorganisation „EXIT"

In der Schweiz ist die Beihilfe zum Suizid keine strafbare Handlung, sofern nicht aus selbstsüchtigen Motiven gehandelt wird. Aufgrund dieser gefestigten Rechtssprechung konnten sich mehrere

---

103 Vgl. Heidemann (1992), 232f.
104 Vgl. Woellert/Schmiedebach (2008), 80-82.
105 Vgl. Pichlmaier (1998), 234.

Sterbehilfeorganisationen[106] wie *EXIT*, *Dignitas* und *Suizidhilfe* etablieren.[107] An dieser Stelle soll die Organisation EXIT vorgestellt werden, da sie beispielsweise im Vergleich zu Dignitas seriöser erscheint und eine ausufernde Rezension praktischer Kritikpunkte vermieden werden soll.

Die schweizerische Organisation EXIT wurde 1982 auf Initiative von Hedwig Zürcher und Walter Baechi gegründet und stellt mit ca. 50 000 Mitgliedern die größte Sterbehilfeorganisation in der Schweiz dar. Präsident dieser „Vereinigung für humanes Sterben" ist derzeit Hans Wehrli. Eine Mitgliedschaft ist nur für Bürger der Schweiz oder Ausländer mit einem Wohnsitz in der Schweiz möglich und kostet jährlich 35 CHF, eine Mitgliedschaft auf Lebenszeit kostet 600 CHF.[108]

In der Eigendarstellung betont die Organisation, dass die FTB nicht ihre wichtigste Tätigkeit ist. Das macht sie daran fest, dass sie durchschnittlich 150 Menschen pro Jahr eine FTB ermöglicht und dass dies in Relation zur Mitgliederzahl eine verhältnismäßig niedrige Anzahl ist.[109]

Als Voraussetzungen für eine FTB gelten nach EXIT:

- „Urteilsfähigkeit

- Wohlerwogenheit und Stabilität des Todeswunsches

- Hoffnungslose Prognose, unerträgliche Beschwerden oder unzumutbare Behinderung."[110]

Diese Voraussetzungen werden im Weiteren zwar noch konkretisiert, bleiben aber interpretierbar. Außerdem benennt EXIT nicht eindeutig, ob sie auch

---

106 Anm.: Der Ausdruck Sterbehilfeorganisationen ist umstritten. Kritiker bemängeln, dass durch den Ausdruck der Vollzug der Beihilfe zum Suizid beschönigt werde. Dennoch soll er aufgrund seiner hohen Gebräuchlichkeit Verwendung finden.
107 Vgl. Schächter (2004), 262-267.
108 Vgl. Exit (2007), 5; 24. Anm.: An anderer Stelle der Homepage ist der Mitgliedsbeitrag mit jährlich 45 CHF bzw. 900 CHF für Mitgliedschaft auf Lebenszeit angegeben (Vgl. http://www.exit.ch/wDeutschold/. Stand: 19.08.2009).
109 Vgl. a.a.O., 14.
110 Ebd.

Nicht-Mitgliedern sowie Menschen aus dem Ausland eine FTB ermöglicht. Sie distanziert sich zwar davon, räumt aber Ausnahmefälle ein.[111]

Durchgeführt wird die FTB nach einem aufklärenden Vorgespräch. Wenn die Person als urteilsfähig befunden wird und der Todeswunsch sicher eruiert werden kann, wird durch den Hausarzt oder einen Vertrauensarzt von EXIT das Barbiturat Natrium-Pentobarbital (NaP) verschrieben. Dieses wird zu einem selbstbestimmten Termin im individuellen Rahmen dem Sterbewilligen durch ein Mitglied des FTB-Teams in Anwesenheit eines Dritten überbracht. Die eigentliche Applikation des Barbiturates muss jedoch durch den Sterbewilligen selbst erfolgen, d.h. er muss das in Wasser gelöste Barbiturat trinken oder bei einer intravenösen Zufuhr den Infusionshahn öffnen. Nach Eintritt des Todes erfolgt eine Legitimitätskontrolle durch die Polizei.[112]

In einer Studie des schweizerischen Nationalfonds „Suizidbeihilfe durch die Organisationen EXIT Deutsche Schweiz und Dignitas" unter der Leitung von Georg Bosshard wurden Praktiken und Klientel der Sterbehilfeorganisationen von 2001 bis 2004 untersucht.[113] Von den 147 Menschen, die in diesen Jahren von EXIT in den Tod begleitet wurden, waren 65% Frauen. Des Weiteren wurde nur in Ausnahmefällen (3%) Ausländern Suizidbeihilfe geleistet. Das Durchschnittsalter der Klienten lag bei 77 Jahren. Der Anteil derjenigen, die an einer Krankheit mit infauster Prognose litten, lag bei 67%. Bei den anderen 33% der Klienten ohne eine unheilbare Krankheit handelte es sich meist um ältere Menschen mit multimorbiden Krankheitszuständen. Der Anteil dieser Personengruppe ohne infauste Prognose lag zwischen 1990 und 2000 noch bei 22%, ist also deutlich gestiegen.[114]

In Einzelfällen wurde auch psychisch Kranken eine FTB ermöglicht, so waren es bei EXIT drei Personen (2%), die an einer Depression litten.[115] Auch wenn die Sterbehilfemaßnahmen in diesen Fällen von begleitenden Ärzten und

---

111 Vgl. a.a.O., 9f.
112 Vgl. a.a.O., 17.
113 Vgl. Blöchlinger (2008).
114 Vgl. Bosshard (2008).
115 Vgl. Blöchlinger (2008).

Untersuchungsbehörden als rechtmäßig eingestuft wurden, sind sie doch aufgrund einer zweifelhaften Zurechnungsfähigkeit der Klienten umstritten.

Dass eine Suizidbeihilfe vermehrt bei älteren Menschen mit schlechtem Gesundheitszustand, jedoch ohne eine explizit lebensbedrohliche Erkrankung durchgeführt wird, liegt laut der Forschungsgruppe an einer seit den 1990er Jahren gelockerten Praxis von EXIT. Die Organisation hatte angekündigt, sich auch für alte und lebensmüde Menschen zu öffnen.[116]

Die Kritik, der sich EXIT vorrangig zu stellen hat, bezieht sich auf die Diagnosestellung und die Betreuung der Kranken. So konnte festgestellt werden, dass in manchen Fällen die Diagnosestellungen falsch oder ungenügend waren. So zeigte eine gerichtsmedizinische Untersuchung bei einer Suizidentin, dass sie nicht an einem Lungenkarzinom litt, wie es EXIT im Vorfeld diagnostiziert hatte, sondern an einer chronischen Bronchitis.

Des Weiteren wird der Vorwurf erhoben, dass in vielen Fällen die Suizidbeihilfe zu voreilig durchgeführt wurde. In einigen Fällen zwischen 1992 und 1999 lagen weniger als sieben Tage zwischen dem ersten Kontakt zu EXIT und dem assistierten Suizid. Gerade weil Erfahrungen aus der Palliativmedizin zeigen, dass ein Sterbewunsch bei guter Betreuung in den meisten Fällen nur vorübergehend ist oder ernsthafte Suizidversuche nur selten wiederholt werden, ist fraglich, wie gut die verzweifelten Menschen, die sich an die Sterbehilfeorganisationen wenden, tatsächlich beraten werden.[117]

Das niederländische Modell der aktiven Sterbehilfe

Obwohl eine Tötung auf Verlangen nach niederländischem Strafgesetzbuch mit bis zu zwölf Jahren Freiheitsentzug strafbar ist, findet sie de facto statt.[118] Grundlage dafür ist ein neues Gesetz vom 01.04.2002, dem schon Neuregelungen von 1994 und 1998 vorausgegangen sind und das Sterbehilfe unter bestimmten Bedingungen legalisiert.[119]

---

116 Vgl. Bosshard (2008).
117 Vgl. Fantacci (2004).
118 Vgl. Zimmermann-Acklin (2000), 346f.
119 Vgl. Jochemsen (2004), 235f.

Das Gesetz soll dazu dienen, die Handlungen von Medizinern im Bereich der Sterbehilfe transparent zu machen, die Kontrolle der Praxis soll sichergestellt werden und die medizinisch sorgfältige Ausführung von lebensbeendenden Maßnahmen soll gefördert werden.

Gesetzeskonform ist eine Sterbehilfemaßnahme nach diesem Gesetz, wenn der Patient die lebensbeendenden Maßnahmen wünscht und der Wunsch frei, reiflich erwogen und anhaltend ist. Dabei muss ein unerträgliches Leiden bestehen, welches nicht mehr therapierbar ist. Ärztliche Sorgfaltskriterien müssen eingehalten werden und ein weiterer Mediziner muss hinzugezogen werden. Außerdem muss eine regionale Kontroll-Kommission bestehend aus einem Juristen, einem Arzt und einem Ethiker eingeschaltet werden, die den Fall bewertet. Der Arzt und der Leichenbeschauer müssen einen Bericht für die Kommission anfertigen, aus dem hervorgeht, dass die Konditionen für eine legale Sterbehilfe erfüllt worden sind. Außerdem muss der Leichenbeschauer Meldung an den Staatsanwalt machen. Im Fall eines ernsthaften Verstoßes darf der Staatsanwalt die Leiche ohne weitere Untersuchungen nicht zur Bestattung freigeben.

Weiterhin legt das Gesetz fest, dass auch Minderjährige zwischen zwölf und 16 Jahren Sterbehilfe erhalten können, wenn ihre Eltern einwilligen. Bei Minderjährigen ab 16 ist die Einwilligung der Eltern nicht erforderlich, aber sie sollen in den Entscheidungsprozess einbezogen werden. Auch wird geregelt, dass eine Patientenverfügung zur Legalisierung der Sterbehilfe beitragen kann, wenn ein Patient darin – für den Fall, dass er nicht mehr bei Bewusstsein oder unzurechnungsfähig ist – seinen Wunsch nach lebensbeendenden Maßnahmen festgehalten hat. Dennoch verpflichtet sie einen Arzt im Einzelfall nicht zur Sterbehilfe.[120]

Die niederländische Regierung hat sich erhofft, mit der Legalisierung der aktiven Sterbehilfe die Zahl der illegal durchgeführten Maßnahmen eindämmen und mehr Kontrolle erlangen zu können. Jochemsen stellt allerdings fest, dass eine angemessene Kontrolle der lebensbeendenden Maßnahmen nicht stattfindet. Fälle von Sterbehilfe ohne ausdrücklichen Wunsch des Patienten werden nicht gemeldet und viele Handlungen der

---

120 Vgl. a.a.O., 238f.

Lebensbeendigung oder intensiven Schmerztherapie lägen in einer Grauzone. Dennoch habe die Gesetzesänderung einen Einfluss auf die gesellschaftliche und ärztliche Akzeptanz der Sterbehilfe und sie signalisiere einen Umdenkprozess. Denn schließlich musste vor der Änderung der Arzt nachweisen, dass er legal gehandelt habe und nun sei der Staatsanwalt in der Position, dass er aufdecken muss, wenn ein Arzt illegal gehandelt habe. Zudem konstatiert Jochemsen, dass die Qualität der Beratung von Sterbenden verbesserungsbedürftig sei und in zu vielen Fällen die Entscheidung über Sterbehilfe beim Arzt liege.[121]

Das große Maß an Verantwortung des Arztes in der Entscheidung über Sterbehilfe bemängelt auch Koch, da Mediziner die Position innehaben, über die Einhaltung der Sorgfaltskriterien zu beurteilen. Sie müssen bestimmen, ob der Patient seinen Wunsch nach Sterbehilfe tatsächlich ohne Druck von Außenstehenden geäußert hat und ob ein unerträgliches Leiden vorliegt. Diese Entscheidung ist vor allem deshalb so schwierig, weil Leiden immer subjektiv ist und auch bei Erkrankungen bestehen kann, die theoretisch nicht unmittelbar tödlich verlaufen, wie z.B. bei chronisch obstruktiven Lungenerkrankungen. Noch größer ist die Verantwortung des Arztes bei psychischen Erkrankungen, wo der Todeswunsch ein Symptom sein kann, oder bei komatösen Patienten, bei denen die Unerträglichkeit des Leidens über körperliche Reaktionen wie Stöhnen oder Blinzeln beurteilt werden muss.[122]

Soziale Einflussfaktoren

Wenn jemand den Wunsch nach Beihilfe zum Suizid oder aktiver Sterbehilfe äußert, ist das wohl nie eine Entscheidung ohne externe Beeinflussungen. Im Folgenden soll zum einen die Beziehung, die zwischen Arzt und Patient besteht, charakterisiert werden, da sie einigen besonderen soziologischen Beeinträchtigungen unterliegt. Zum anderen sollen die Einflüsse, die allgemein durch die Gesellschaft auf den Einzelnen einwirken können, betrachtet werden. Insgesamt fallen viele der sozialen Einflussfaktoren unter die Kategorie der sog. Dammbruchargumente. Es sollen aber ebenso

---

121 Vgl. a.a.O., 240-245.
122 Vgl. Koch (2006), 88f.

grundsätzliche Schwierigkeiten im Umgang mit Patienten mit schwerer oder infauster Krankheit dargestellt werden.

Arzt-Patient-Beziehung

Die Arzt-Patient-Beziehung unterscheidet sich nach Siegrist durch das Zusammenspiel von vier Merkmalen von anderen sozialen Beziehungen, sogar von anderen Dienstleistungsbeziehungen:

- Differenz zwischen Hilfesuchendem und Hilfegebendem,
- Begegnung mit außergewöhnlichen, z.T. tabuisierten Lebensbereichen,
- Eingriffsrecht des Arztes in den menschlichen Körper,
- ärztliche Verantwortung für therapeutische Entscheidungen.[123]

In der ärztlichen Ethik sei das Schutzbedürfnis des Patienten von hoher Priorität, denn aufgrund der Merkmale würden menschliche Grundrechte wie die freie Entscheidung oder das Recht auf Selbstverwirklichung tangiert. Des Weiteren verweise das erhöhte Schutzbedürfnis des Patienten auf die drei Machtdimensionen der Expertenmacht, der Definitionsmacht und der Steuerungsmacht, die der Arzt innehabe, und die das Verhältnis zwischen Arzt und Patient zu einer strukturell asymmetrischen Beziehung formieren. Dieses Machtgefälle und die Abhängigkeit des Patienten gelte es nach Normen der personalen Ethik zu reduzieren, um so die Autonomie des Patienten zu wahren.

Als wichtigstes Moment der Asymmetriereduktion ist sicherlich die Kommunikation und Information in der Arzt-Patient-Beziehung zu nennen. Nur, wenn der Arzt seiner Aufklärungspflicht nachgekommen ist und den Patienten ausreichend über seine Optionen informiert hat, kann dieser seine Einwilligungserklärung leisten.[124]

Während das traditionelle Arzt-Patient-Verhältnis von paternalistischen Zügen geprägt war und die Fürsorgepflicht des Arztes auch Entscheidungen über den Patienten hinweg rechtfertigte, hat sich das Beziehungsverständnis

---

123 Vgl. Siegrist (1998), 245.
124 Vgl. ebd.

mit dem gesellschaftlichen Wandel zur Pluralität ebenfalls modifiziert. Die Vorstellung eines partnerschaftlichen Verhältnisses, bei dem der autonome Patient medizinische Maßnahmen bejahen oder ablehnen kann, hat Einzug gehalten.[125]

Diese Möglichkeit eines „informed consent" gibt immer wieder Anlass zur Diskussion. So wird sie einerseits als Voraussetzung für therapeutische Maßnahmen angesehen, andererseits gilt sie als ein „Mythos", der nie erreicht werden kann. Denn ob ein Patient auch nach einer ausführlichen Aufklärung genügend relevantes Wissen besitzt, um eine real autonome und qualifizierte Entscheidung treffen zu können, wird bezweifelt.[126]

Dass Ablauf und Qualität von entsprechenden Kommunikationsprozessen nicht angemessen sind, postuliert Siegrist anhand von Ergebnissen aus der Kommunikationsforschung im Krankenhaus. So werden die Informationsbedürfnisse gerade von schwer und infaust Kranken auf Seiten der Ärzte nicht ausreichend erkannt. Außerdem wird die Information, die stattgefunden hat, von Ärzten und Patienten divergierend beurteilt. Viele Patienten fühlen sich nur defizitär informiert, obwohl die Ärzte meinen, eine hinlängliche Information gegeben zu haben. Dies ist u.a. auf die unzureichende Dauer und Qualität ärztlicher Kommunikation zurückzuführen.[127]

Ein weiteres Element neben der Kommunikation ist für das Verhältnis des Patienten zum Arzt konstitutiv: Vertrauen. Ärztliche Dienste werden vom Patienten unter der Voraussetzung in Anspruch genommen, dass der Arzt moralisch integer und fachlich kompetent ist. In der Debatte um aktive Sterbehilfe und ärztliche Suizidbeihilfe wird häufig angeführt, dass eine Legalisierung das Vertrauen in die Ärzteschaft zerstöre. Dieses Argument lässt sich ambivalent diskutieren. Es stellt sich einerseits die Frage, ob nicht gerade in dem Ablehnen eines ernstlichen Wunsches nach Sterbehilfe ein noch viel größerer Vertrauensbruch besteht, weil der Wille des Patienten nicht

---

125 Vgl. Siep/Quante (2000), 40.
126 Vgl. Feuerstein/Kuhlmann (1999), 11.
127 Vgl. Siegrist (1998), 245f.

respektiert wird.[128] Andererseits lassen sich die Bedenken nicht abwerten, dass ein Arzt, der einmal eine Sterbehilfemaßnahme auf ausdrücklichen Wunsch hin durchgeführt hat, sie auch ein weiteres Mal bei mutmaßlichem Willen des Patienten praktizieren würde. Denn wenn man einer Person zugesteht, ihr Leben als lebensunwert einzustufen, muss man gleichzeitig anerkennen, dass es prinzipiell lebensunwertes Leben gibt.[129]

An dieser Stelle sei noch einmal ausdrücklich ein Unterschied zwischen der Beihilfe zum Suizid und der aktiven Sterbehilfe/Tötung auf Verlangen benannt. Der Patient, der sich an einen Arzt wendet, der in einem anderen Fall schon einmal Suizidbeihilfe geleistet hat, kann dadurch einen Rekurs auf Haltung und Prinzipien des Arztes vornehmen. Er kann davon ausgehen, dass der Arzt grundsätzlich der Meinung ist, dass Menschen frei über ihren Todeszeitpunkt verfügen dürfen, dass es Situationen gibt, in denen die Medizin nichts mehr ausrichten kann und er sich nicht dem traditionellen Arztethos unterstellt, das von der Rolle des Arztes als unbedingtem Lebenshelfer ausgeht.

Wenn sich ein Patient an einen Arzt wendet, der schon einmal eine aktive Sterbehilfemaßnahme durchgeführt hat, greift die Veränderung im Arzt-Patient-Verhältnis noch weiter. Auch dieser Arzt hält nicht am traditionellen Arztethos fest, hat aber darüber hinaus schon einmal ein Leben aktiv beendet. Der Patient, der ihn konsultiert, muss sich darüber bewusst sein, dass der Arzt einem ausdrücklichen Verlangen nach Lebensbeendigung nachkommen würde und der Patient kann die Befürchtung haben, dass er eine Tötungshandlung u.U. auch auf den mutmaßlichen Willen des Patienten hin durchführen würde. In beiden Fällen kann eine Gefährdung des Vertrauens in den Arzt liegen, im Fall, dass ein Arzt selbst schon eine Tötungshandlung vollzogen hat, jedoch eine noch größere.

Festzuhalten bleibt, dass in der Arbeit mit sterbenden Patienten der Arzt besonders gefordert ist. Gerade heutzutage ist Sterben ein Prozess, der zunehmend komplexer wird und die Technisierung der Medizin trägt dazu bei, dass häufig noch Handlungsmöglichkeiten für den Arzt geboten sind,

---

128 Vgl. Wiesing (2000), 234-239.
129 Vgl. Eibach (2006), 257f.

obwohl diese nicht mit einer Steigerung der Lebensqualität des Patienten einhergehen würden. Ärzte geraten so in einen Zwiespalt zwischen Lebenserhaltung und Leidensminderung. Diese Fürsorgepflicht fordert vom Arzt eine sehr große Verantwortung, denn auch wenn es medizinische Grenzen gibt, gilt es für den Arzt immer weiter nach Handlungsoptionen zur Leidensminderung zu suchen und den Patienten über diese aufzuklären.

Im Arzt-Patient-Verhältnis erlebt der Arzt den Patienten allerdings nicht isoliert, denn der soziale Kontext des Patienten prägt auch seine Meinung.[130] Auf die Einflüsse, die die Umwelt auf den Patienten und seine Entscheidungen haben kann, sowie auf mögliche Folgen der Legalisierung von Sterbehilfe, soll im nächsten Punkt eingegangen werden.

Gesellschaftliche Einflüsse und Folgen

In der öffentlichen Auseinandersetzung wird viel über die Folgen debattiert, die eine Legalisierung von aktiver Sterbehilfe und Suizidbeihilfe für die Gesellschaft hätte. So befürchtet man, wie bereits dargelegt, ein Schwinden des Vertrauens in die Ärzteschaft und damit einhergehend eine Veränderung des ärztlichen Ethos. Dies kann jedoch aufgrund der Komplexität der Arzt-Patient-Beziehung nicht sicher prognostiziert werden.

Des Weiteren besteht die Annahme, dass die Zulassung von Sterbehilfe auch unter bestimmten Ausnahmeregelungen zu immer mehr Ausnahmen führen kann. Selbst bei exakter Definition der Ausnahmetatbestände ist es schwierig, diese Begrenzungen einzuhalten. So zeigen Beispiele aus der Praxis der Organisation EXIT oder auch aus der niederländischen Sterbehilfepraxis, dass die ursprünglichen Bedingungen erweitert werden. Z.B. gilt in den Niederlanden, dass zur aktiven Sterbehilfe ein unerträgliches Leiden nach einer medizinischen Krankheitsdefinition vorliegen muss. Dennoch wird darüber diskutiert, ob auch „Lebensmüdigkeit" ein unerträgliches Leiden ist. Es wird also immer Versuche geben, die bestehenden Ausnahmeregelungen neu zu deuten oder auszubauen.

Eine weitere Angst von Patienten betrifft die Frage, ob eine Zulassung der Tötung auf Verlangen auch eine Tötung ohne Verlangen wahrscheinlich

---

130 Vgl. Römelt (2002), 4-10.

macht. Nach Angaben des Nationalen Ethikrates kann das Eintreffen dieser Befürchtung nicht sicher antizipiert werden. Es gibt zwar eine hohe Zahl von Fällen, in denen die Ärzte in den Niederlanden eine Tötung ohne ausdrückliches Verlangen des Patienten durchgeführt haben, aber dabei fehlen genaue Angaben zur individuellen Fallsituation. Außerdem zeigt sich, dass die Bereitschaft der Ärzte zurückgegangen ist, eine Tötung ohne ausdrückliches Verlangen durchzuführen.[131]

Ein weiteres gesellschaftliches Feld betrifft den Umgang mit Kranken und Sterbenden, der sich durch die Legalisierung von Sterbehilfemaßnahmen voraussichtlich verändern würde. Müller-Busch erläutert die in diesem Zusammenhang stehenden psychosozialen und ökonomischen Tendenzen in unserer Gesellschaft. Zum einen ist es für viele Menschen eine schwer anzunehmende Tatsache, hilfsbedürftig zu sein, da sie sich selbst als Belastung für andere wahrnehmen. Auch bei guter Symptomkontrolle leiden einige Patienten so stark unter sozialer Isolation, dass der Wunsch nach Sterbehilfe eigentlich ein Appell ist, wenigstens diese letzte Art von Aufmerksamkeit zu erhalten.

In der Öffentlichkeit werden die Herausforderungen, vor die die Gesellschaft durch den demografischen Wandel gestellt wird, zunehmend als Bedrohung empfunden. Dass Möglichkeiten wie die aktive Sterbehilfe oder der ärztlich assistierte Suizid als „sozialverträgliche" Optionen erscheinen, liegt an zweierlei Gründen: Erstens wird der Wert des Lebens der kranken und alten Menschen zunehmend von gesunden und jungen Menschen definiert, die sich in ihrer Lage noch nicht vorstellen können, auch eine Lebensphase, in der man von anderen gänzlich abhängig ist, weiterhin als lohnenswert empfinden zu können. Zweitens spielen ökonomische Gründe gerade im Gesundheitswesen eine immer größere Rolle. Die Medizin bietet stets neue und teurere Behandlungsmöglichkeiten und gerade in der letzten Lebensphase und in der Intensivmedizin entstehen die meisten Kosten. Unzweifelhaft wäre die Legalisierung der Sterbehilfe eine Möglichkeit, Kosten einzusparen.[132]

---

131 Vgl. Nationaler Ethikrat (2006), 29-35.
132 Vgl. Müller-Busch (2007), 178-184.

In diesem Kontext stellt sich aber zugleich die Frage, was mit den Kranken und Sterbenden geschehen würde, die sich gegen eine vorzeitige Lebensbeendigung entscheiden. Wie viel Akzeptanz würde die Gesellschaft dieser Entscheidung, die einen höheren Arbeits- und Kostenaufwand bedeutet, noch entgegenbringen?

Zwischenfazit: Orientierung für den Einzelfall?

Von den dargestellten sozialen Einflussfaktoren fallen viele in den Bereich der sog. „Dammbruch-" oder „Schiefe-Bahn-Argumente". Derartige Argumente verweisen darauf, dass die Etablierung einer zunächst harmlos anmutenden Praxis fatale Folgen mit sich bringen kann.[133] Im Zusammenhang mit der Debatte um aktiven Sterbehilfe und Suizidbeihilfe lassen sich m.E. zwei Dimensionen von Dammbrüchen feststellen:

Eine erste Dimension betrifft die mögliche Erweiterung und Neuauslegung der bestehenden Regeln, die die Sterbehilfe unter bestimmten Ausnahmen erlauben.

Die Anerkennung von Tötung auf Verlangen bei schwerer, unheilbarer Krankheit wie in den Niederlanden kann wiederum ein Dammbruch in zwei Richtungen sein. Zum einen anerkenne ich mit schon einer einzigen Tötung auf Verlangen, dass es ein lebensunwürdiges Leben geben kann. Wenn ich prinzipiell anerkenne, dass es lebensunwürdiges Leben geben kann, kann ich auch ein Leben für lebensunwert halten, obwohl der Patient dies nicht mehr äußern kann. Somit kann ich auch eine Tötung auf mutmaßlichen Willen eines Patienten rechtfertigen.

Des Weiteren gibt die Bedingung, dass eine schwere Krankheit vorliegen muss, einen Spielraum für die Praxis. Denn wenn eine medizinische Krankheit ein Leben unerträglich machen kann, dann kann es auch ein anderes Leiden, wie soziale Isolation oder Lebensmüdigkeit. Mit der Anerkennung von Lebensmüdigkeit ist dann der Weg zur Suizidbeihilfe geebnet.

---

133 Vgl. Hegselmann (1991), 206.

Mit beiden dieser möglichen Regelerweiterungen könnte eine Veränderung in der Arzt-Patient-Beziehung einhergehen. Das grundsätzliche Vertrauensverhältnis, welches Basis einer jeden Behandlung sein muss, könnte verletzt werden. Der Patient kann die Befürchtung haben, dass der Arzt nicht seinen eigentlichen Willen mutmaßt und gegen seine Zustimmung lebensverkürzende Maßnahmen einleitet. Und die Haltung des Arztes, der bislang generell das Leben geschützt hat, würde eine andere.

Eine zweite Dimension von Dammbruch-Argumenten bezieht sich auf die in der Gesellschaft vorhandenen Einstellungen und Haltungen zum Umgang mit kranken und leidenden Menschen. Wie oben bereits angemerkt könnte ein erhöhter Druck auf alte, kranke und sterbende Menschen entstehen, da sie für Angehörige, Pflegende und die Gesellschaft prinzipiell sowohl einen hohen Arbeitsaufwand und psychische Belastung als auch eine ökonomische Belastung darstellen können. Wenn dann die Möglichkeit gegeben ist, das Leben vorzeitig zu beenden, fühlen sich Hilfsbedürftige evtl. eher zu diesem Schritt gedrängt, als dass sie es wirklich wollen.

Auch wenn es genügend Einwände gegen die bereits bestehenden Praktiken des assistierten Sterbens gibt, wird durch sie doch das Dilemma, in dem sich der Einzelne befinden kann, nicht zur Genüge gelöst. Denn auf der einen Seite stehen die gesellschaftlichen Folgen und die Debatten über die Unverfügbarkeit des menschlichen Lebens, aber auf der anderen Seite steht der Wille des Individuums, das unerträgliche Leiden auszuhalten hat und für sich keinen anderen Weg sieht, als um Hilfe zum Sterben zu bitten bzw. das es als Akt einer größtmöglichen Selbstbestimmung sieht, das Leben zu einem selbst gewählten Zeitpunkt zu beenden. In einer Gesellschaft, die freiheitliches Denken respektiert und auch fordert, muss dieser Wunsch ernst genommen werden. Die bisher angeführten Argumente gegen eine Legalisierung von Sterbehilfe sind durchaus berechtigt. Und doch würde ein Nicht-Respektieren des ernstlichen Wunsches nach Sterbehilfemaßnahmen mit dem Verweis auf gesellschaftliche Auswirkungen ein immenses Opfer vom Einzelnen abverlangen.[134]

---

134 Vgl. Siep/Quante (2000), 40f.

Wie soll also im Einzelfall entschieden werden und auf welche ethischen Grundlagen kann man sich dabei berufen? Um Orientierungspunkte hierfür zu erhalten, sollen nachfolgend genuin ethische Argumentationen untersucht werden. Dabei liegt der Schwerpunkt auf den Aspekten der Autonomie und der Menschenwürde und ihrer Bedeutung für menschliches Leben und Sterben.

Ethische Argumentationen

Autonomie

Befürworter von Sterbehilfemaßnahmen und Anbieter von Freitodbegleitungen verweisen häufig auf die menschliche Autonomie. In ihr sehen sie eine Berechtigung dafür, dass ein Mensch sich selbst das Leben nehmen oder auch eine andere Person um diese Tat bitten darf.[135] Alltagssprachlich wird Autonomie zumeist empirisch verstanden, nämlich als Fähigkeit, das Leben unabhängig von der Hilfe anderer zu führen.[136] Im Folgenden soll die Autonomie jedoch im Sinne eines normativen Anspruchs betrachtet werden, um daraus Konsequenzen für die Autonomie des Patienten und den Umgang mit Sterbenden abzuleiten.

Autonomie als normativer Anspruch

Der Ausdruck Autonomie leitet sich von den griechischen Begriffen *autos* (= selbst) und *nomos* (= Gesetz, Regel) ab und bedeutet Selbstgesetzgebung oder Selbstbestimmung. Wesentlich geprägt ist der Begriff durch Immanuel Kant, der die Autonomie des Menschen darin sah, dass dieser sich durch das Sittengesetz bzw. den kategorischen Imperativ dazu verpflichten kann, nicht dem naturwüchsig Gewollten, sondern dem unbedingt Gesollten den Vorrang in seinem Handeln zu geben.[137]

Dieses Autonomieverständnis gründet auf dem Verständnis von Freiheit als grundlegender Bedingung der Möglichkeit zu verantwortlichem und humanem Handeln. Freiheit entsteht gerade nicht da, wo ich beliebig meinen

---

135 Vgl. z.B. Exit (2007), 5.
136 Vgl. Baumann-Hölzle (2003), 230.
137 Vgl. Pieper (1998), 289.

Wünschen und inneren Bedürfnissen nachgehe, denn damit wäre ich letztlich doch fremdbestimmt (heteronom). Neben diesem individuellen Streben nach Lust und Glück wird der Mensch aber auch noch durch weitere biologische, soziale und transzendente Dispositionen terminiert. Indem man jedoch diese subjektiven Wünsche und externen Dispositionen erkennt und sich zu ihnen verhält, kann man einen individuellen Spielraum schaffen, innerhalb dessen man seine Freiheit verwirklichen kann.

Freiheit muss nach Kant durch das Prinzip der Autonomie bestimmt werden. Grundsatz dieser Autonomie ist der kategorische Imperativ[138] („Handle so, dass [!] die Maxime deines Willens jederzeit zugleich als Prinzip einer allgemeinen Gesetzgebung gelten könne"[139]). Der Mensch gibt sich selbst um der Freiheit willen ein Gesetz, so dass seine Freiheit geschützt wird und ein humanes Miteinander möglich ist. So überprüft er, ob seine Handlungsmotive für andere plausibel (nachvollziehbar) sind und ob sie auch anderen als Handlungsorientierungen dienen können (universalisierbar). Die Freiheit impliziert die Fähigkeit, das Gute zu wollen und es auch praktisch umzusetzen. Insofern kann sie nach Kant eine Schlüsselstellung im moralischen Denken und Handeln einnehmen und als zentrale anthropologische Kategorie gelten.[140]

Allerdings ist diese Freiheit nach Kant kein direkt empirisch erfahrbares Phänomen. Wie kann dann also nachgewiesen werden, dass es eine Willensfreiheit bzw. einen freien Willen gibt?

Anzenbacher beschreibt hierzu zunächst in Anlehnung an Kant die transzendentale Differenz und unterscheidet zwischen dem erfahrenden Subjekt bzw. dem transzendentalen Ich und dem Gegenstand der Erfahrung bzw. dem empirischen Ich. Das transzendentale Ich ist Bedingung, Voraussetzung und Grenze für das empirische Ich und die Erfahrungsobjekte. Dabei ist das transzendentale Ich jedoch niemals Gegenstand dieser empirischen Wirklichkeit. Diese transzendentale Reflexion zeigt, dass Empirie nur möglich ist, indem etwas Nicht-Empirisches vorausgesetzt wird

---

138 Vgl. Greis (2000), 132-143.
139 Kant, KpV (1974), A54.
140 Vgl. Greis (2000), 132f.

und dass der Mensch nicht im Sinnlich-Empirischen aufgeht.[141] Aus dieser Feststellung entsteht die Annahme, dass der Mensch in einer doppelten Motiviertheit stehen kann, d.h. dass er zum einen einer empirischen Lust-Unlust-Motivation folgen kann, zu anderen aber auch einer transzendentalen Motivation, die aus reiner Vernunft hervorgeht.[142]

Greis schreibt – auch in Anlehnung an Kant – der transzendentalen Reflexion zu, a posteriori (nach dem erfahrbaren Handeln) auf die a priori bestehende Willensfreiheit als Bedingung der Möglichkeit dieser Erfahrung schließen zu können.[143]

Die Annahme einer transzendentalen Willensfreiheit soll für den weiteren Gang der Arbeit konstitutiv sein. Wenn in aktuellen Diskussionen empirisch-analytische Wissenschaftler, z.B. Neurobiologen, davon ausgehen, dass alle menschlichen Motive auf Stimulus-Response-Schemata zurückzuführen sind, bleiben sie im Bereich des Empirischen. Transzendentale Bestimmungen des Subjekts können jedoch nicht Gegenstand von einzelwissenschaftlicher Forschung sein. Transzendentale Differenz kann nicht in der empirischen Wissenschaft thematisiert werden, sollte aber vorausgesetzt werden[144] bzw. kann mit empirischen Mitteln nicht ausgeschlossen werden.

Autonomie ist nach Annemarie Pieper ein Merkmal des Humanen und als solches „ein unverlierbares Grundcharakteristikum, das ausnahmslos jedem menschlichen Lebewesen zuerkannt wird, unabhängig davon, ob es *de facto* fähig ist, sich als autonome Person zu verwirklichen"[145]. Also auch die Menschen, die z.B. durch Hirnschädigungen nicht dazu in der Lage sind, von ihrer Autonomie Gebrauch zu machen, dürfen in unserer Gesellschaft nicht als Objekt von Entscheidungen behandelt werden, sondern verdienen den gleichen Respekt, wie diejenigen, die Autonomie wahrnehmen können.

---

141 Vgl. Anzenbacher (1987), 18-21.
142 Vgl. Ders. (1992), 50.
143 Vgl. Greis (2000), 133.
144 Vgl. Anzenbacher (1987), 21.
145 Pieper (1998), 291.

In diesem Zusammenhang kann ein sog. „naturalistischer Fehlschluss" entstehen, wenn nämlich etwas danach beurteilt wird, was es ist, und daraus gefolgert wird, was es sein soll. Also wenn der normative Autonomieanspruch eines Menschen danach bemessen wird, in welchem Maß er seine empirische Autonomiefähigkeit tatsächlich wahrnimmt. Dabei geht jedoch der absolute und universale moralische Autonomieanspruch verloren.[146]

Autonomie und Sterben

Es besteht die Tendenz, Autonomie immer mehr als eine uneingeschränkte Selbstbestimmung zu verstehen und damit einhergehend auch eine Verfügungsmacht über das eigene Sterben in Anspruch nehmen zu können. Es stellen sich die Fragen, ob das Leben ein Besitztum des Menschen ist, über das er vollends verfügen kann und ob die Vorstellung eines planbaren Lebens dazu führt, dass der Mensch die Möglichkeit hat, zwischen einem natürlichen Tod und einen medizinisch herbeigeführten Tod zu wählen.

Ulrich Eibach stellt dem entgegen, dass die Autonomie des Menschen nicht die Angewiesenheit auf andere ausschließt. Eine autonome Lebensgestaltung sei auch dann möglich, wenn nicht alle Lebensentscheidungen selbstbestimmt getroffen werden. Denn der Mensch ist auch schon unter „normalen" Lebensumständen an Naturbedingungen gebunden. In Krankheit und Alter steigert sich diese Abhängigkeit zwar, aber in einer gewissen Entmächtigung seiner Person liegt noch keine Unwürdigkeit.[147]

Des Weiteren bedeute Freiheit auch in Anlehnung an Kant kein uneingeschränktes Verfügungsrecht über das eigene Leben, weil sich der Mensch das Leben nicht selbst gegeben hat. Im Sinne des Sittengesetzes sei der Mensch dazu verpflichtet, sein Leben nach dem unbedingt Guten auszurichten. Dabei ist das Leben kein Besitz wie andere Güter und der Mensch hat kein Recht, es zu vernichten.

Wenn Freiheit allerdings als rein empirische Größe angesehen wird, dann kann es nur als Akt der höchst möglichen Selbstbestimmung angesehen werden, sein Leben zu einem selbst definierten Zeitpunkt zu beenden.

---

146 Vgl. Baumann-Hölzle (2003), 230.
147 Vgl. Eibach (2006), 250-253.

Diejenigen, die diesen Zeitpunkt verpassen, müssten nach diesem Verständnis unwürdig sterben.[148]

Ein anderer Aspekt im Zusammenhang mit Autonomie und Sterben wird von Josef Römelt aufgeworfen, der gerade im Rekurs auf Autonomie im Sterben, das Sterben der damit gewünschten Privatsphäre entrissen sieht. Diese Paradoxie gründet darin, dass eine Legalisierung von Sterbehilfemaßnahmen daran gebunden ist, dass es starke staatliche Kontrollen gibt, die die Einzelnen vor Missbrauch schützen sollen. Der Sterbende, der sich gerade von der Entscheidung zur Lebensbeendigung eine Wahrung seiner selbst und seiner Intimität im Sterben verspricht, wird zum Objekt von Kontrollen.[149] Die praktische Umsetzung der Sterbehilfe verhindert also eine absolute Patientenautonomie.

Ein weiterer Zwiespalt im Zusammenhang mit aktiver Sterbehilfe kann im Verhältnis von Autonomie und Leiden bestehen. Jochemsen ist der Ansicht, dass sich beide Kriterien gegenseitig ausschließen. Er stellt in Frage, ob Menschen, die unter einem großen Leidensdruck stehen, frei und unabhängig um eine Lebensbeendigung bitten können. Andersherum könne gefragt werden, ob diejenigen, die noch autonom darum bitten können, tatsächlich schon unerträglich leiden.[150]

Sowohl Römelt als auch Jochemsen sehen keine Möglichkeit für eine volle Patientenautonomie, dennoch kann die Annahme, dass die praktische Umsetzung oder auch das Leiden die Autonomie des Einzelnen einschränkt, nicht völlig überzeugen. So muss doch angenommen werden, dass es grundsätzlich einen freien Willen zu sterben geben kann.

Dass diese Annahme von unserer Gesellschaft ernst genommen wird, zeigt die Paternalismusdebatte, die sich im Konflikt um Sterbehilfe pointiert. Der Arzt gerät in ein Dilemma zwischen seinem Ethos als Helfer zugunsten des Lebens und dem Respekt gegenüber dem Willen des Patienten.[151] Ausgehend

---

148 Vgl. a.a.O., 261f.
149 Vgl. Römelt (2002), 10.
150 Vgl. Jochemsen (2007), 93f.
151 Vgl. Pieper (1998), 292.

von dem modernen, partnerschaftlichen Verständnis zwischen Arzt und Krankem wäre demzufolge dem Wunsch des Patienten ein höheres Gewicht einzuräumen.

Auch die aktuell geführten Kontroversen um die Patientenverfügung spiegeln wider, dass eine generelle Aufwertung des Patientenwillens in unserer Gesellschaft erwünscht ist. So wurde im Juni dieses Jahres gesetzlich beschlossen, dass die Patientenverfügungen in vollem Maße für das Handeln des Arztes verbindlich sein sollen. Der liberalste Gesetzesentwurf setzte sich durch und trug damit dem gesellschaftlichen Wertewandel Rechnung.[152]

Ob Patientenverfügungen letztlich wirklich dazu beitragen, die Patientenautonomie zu stärken, ist fraglich. Ein großes Problem liegt in der Unmöglichkeit, das eigene Leiden zu antizipieren. Als gesunder Mensch mag es beispielsweise noch unerträglich erscheinen, von intensivmedizinischen Maßnahmen abhängig zu sein. Im tatsächlichen Krankheitsfall zeigt sich indessen bei vielen Patienten, dass sie doch bereit sind, ein hohes Maß an Therapieversuchen auf sich zu nehmen, ehe sie einem Therapieabbruch zustimmen. Es ist zweifelhaft, inwieweit der frühere Wille, der in der Patientenverfügung festgehalten wurde, noch dem Willen des Kranken entspricht.[153] Gerade bei demenziellen Erkrankungen, die mit einer Persönlichkeitsveränderung einhergehen können, kann es für den kranken Menschen fatal sein, wenn er in gesundem Zustand eine Therapiebegrenzung gewünscht hat.

Aber auch diesem Argument ist entgegenzuhalten, dass man nicht unterschätzen darf, dass Entscheidungen frei getroffen sein können. Es kann dem Einzelnen durchaus bewusst sein, dass er sein Leiden nicht vorhersehen kann. Trotzdem eine Entscheidung für eine spätere Vorgehensweise zu fällen, ist sein individuelles Recht.

Die Frage nach der Autonomie am Lebensende lässt sich offenbar nicht getrennt von anderen Kontexten beantworten. Sie ist in hohem Maße

---

152 Vgl. Drieschner (2009).
153 Vgl. Woellert/Schmiedebach (2008), 59.

abhängig von unserem Verständnis vom Umgang mit der menschlichen Würde und dem Wert des Lebens an sich.

Menschenwürde

Zum Begriff der Menschenwürde

Der Begriff der Menschenwürde wird in bioethischen Debatten mittlerweile inflationär gebraucht. Das Problem ist, dass der Begriff inhaltlich nicht immer gefüllt wird und sich konträre Positionen dementsprechend beide auf den Menschenwürdebegriff berufen können, obwohl ihre weltanschaulichen und ethischen Überzeugungen divergieren.[154]

So schreibt die Organisation EXIT in ihrem Leitbild: „EXIT engagiert sich für die Selbstbestimmung des Menschen im Leben und im Sterben. Selbstbestimmung als Ausdruck der Menschenwürde ist ein Grundrecht des Menschen. [...] Im Falle eines autonom gefällten Entscheides, aus dem Leben scheiden zu wollen, hilft EXIT, diesen Willen menschenwürdig und mit Rücksicht auf das persönliche Umfeld umzusetzen."[155]

In der gemeinsamen Erklärung der DBK und des Rates des EKD wird geschrieben: „Auch das durch Krankheit, Behinderung oder Tod gezeichnete Leben hat als menschliches Leben eine unverlierbare Würde. Selbst schwerwiegende Beeinträchtigungen des Lebensvollzugs, vollständige Hilflosigkeit und ein hoher Aufwand an Pflege und Betreuung können es unter keinen Umständen rechtfertigen, den betroffenen Menschen die Würde abzusprechen oder ihre Würde als eingeschränkt anzusehen."[156]

Die beiden Beispiele zeigen, dass die Idee der Menschenwürde sowohl von Befürwortern als auch von Gegnern der Sterbehilfe angewandt werden kann. Wenn aber der semantische Gehalt des Begriffes so offen ist, kann in Frage gestellt werden, ob er nicht eine Leerformel ist, die gerade für moralische Fragen am Lebensende ungeeignet ist.[157]

---

154 Schockenhoff (1993), 168f.
155 Exit (2009).
156 Kirchenamt der EKD/Sekretariat der DBK (1989 - Sonderausgabe 2000), 46.
157 Vgl. Holderegger (1995), 139f.

Ein weiterer Kritikpunkt am Menschenwürdebegriff bezieht sich auf seine Nähe zum christlich-jüdischen Denken. So wird darin eine Verschleierung von christlichen Vorstellungen wie der Gottebenbildlichkeit gesehen und angenommen, dass der Begriff für unsere säkularisierte Gesellschaft überholt sei.[158]

Der historische Rekurs auf die Entstehung der Menschenwürde-Idee zeigt, dass der heutige Begriff auf realgeschichtliche und ideengeschichtliche Faktoren zurückgeht. Realgeschichtliche Faktoren sind bestimmte historische Lebensbedingungen und die jeweiligen Herrschaftsformen, die Einfluss auf das gesellschaftliche Denken hatten. Als ideengeschichtliche Faktoren lassen sich drei Strömungen ausmachen, die für die Vorstellung der Menschenwürde prägnant waren:

- Die klassische griechische Philosophie, die die Gedanken der Selbstbefreiung und der universalen Bildungskonzeption mit sich brachte.

- Die christliche Ethik, die den Gleichheitsgedanken aufgebracht hat, da jedes Individuum vor Gott die Würde des Menschengeschlechts repräsentiert.

- Die Ideen der sittlichen Selbstbestimmung, die durch den europäischen Humanismus und die Moderne entstanden sind, sowie die Erkenntnis, dass menschliche Freiheit und Würde eines politisch-rechtlichen Schutzes bedürfen.

Als Ausdruck dieses Bewusstseins wurden die Menschenrechte eingesetzt. Sie verdeutlichen den Grundgedanken von Demokratie und schützen diese vor Totalitarismus.[159]

So proklamiert Art. 1 Abs. 1 des Grundgesetzes der Bundesrepublik Deutschland „Die Würde des Menschen ist unantastbar. Sie zu achten und zu schützen ist Verpflichtung aller staatlichen Gewalt."[160] Und die Allgemeine Erklärung der Menschenrechte besagt in Art. 1: „Alle Menschen sind frei und

---

158 Vgl. Schockenhoff (1993), 168.
159 Vgl. a.a.O., 170-173.
160 GG, Art. 1 Abs. 1.

gleich an Würde und Rechten geboren. Sie sind mit Vernunft und Gewissen begabt und sollen einander im Geist der Brüderlichkeit begegnen."[161]

Dieser historische und rechtlich-institutionelle Rekurs verdeutlicht den Stellenwert, den die Menschenwürde in unserer Gesellschaft hat. Es konnte gezeigt werden, dass die Idee der Menschenwürde nicht allein aus christlich-jüdischer Denkweise entstanden ist, dennoch von ihr geprägt wurde. Gleichwohl gilt es aufzuzeigen, was die Semantik der Menschenwürde ist, welcher Wert den Mensch zum Menschen macht und ob dieses Verständnis von Menschenwürde noch in unserer säkularen Gesellschaft angemessen ist.

Was macht den Menschen aus?

Die Frage, was der Inhalt der Menschenwürde ist und was den Menschen zum Menschen bzw. zur Person macht, kann in dieser Arbeit nicht empirisch-anthropologisch beantwortet werden, sondern zunächst auf einer analytischen Ebene, die Identifikations- und Orientierungskriterien liefert und dann auf einer normativen Ebene.

Dabei kann man als eine erste Art von Identifikationskriterium das Speziesismus-Argument nennen. Der Mensch gehört zur biologischen Spezies des homo sapiens. Und dieser Naturstatus erlaubt keine Abstufungen. Der Mensch partizipiert als solcher immer an der Spezies, unabhängig von seinem Lebensstadium und deshalb kommt ihm immer die gleiche Würde zu. Auch wenn dieses Kriterium den Menschen über andere Lebensformen erhaben macht, kann letztlich bezweifelt werden, ob der Rekurs auf die naturale Verfasstheit des Menschen ausreicht, um in bioethischen Kontroversen Aussagen zu einer generellen Unverfügbarkeit menschlichen Lebens zu machen.[162]

In Anlehnung an Schopenhauer nennt Holderegger ein Kriterium, das Handlungen sittlichen Wert verleihen kann, das Mitleid bzw. die Empathie. Im alltäglichen Verhalten sei es ein entscheidendes Element und es müsse zugestanden werden, dass die Menschenrechte relativ unwirksam wären ohne ein empathisches Einfühlen in die Mitmenschen. Dennoch sei das

---

161 AEM, Art. 1.
162 Vgl. Holderegger (1995), 141-144.

Empathiekriterium auch nicht für die Beurteilung von Lebenskonflikten ausreichend.[163]

Ein normatives Kriterium, das als Basis des Verständnisses von Menschenwürde gelten kann, ergibt sich aus der Tatsache, dass der Mensch Person ist. Nach Kant ist der Mensch deshalb Person, weil er ein sittliches und zur Moralität fähiges Wesen ist.[164]

Dadurch, dass der Mensch nicht in seinen naturkausalen Bestimmungen aufgeht, sondern diese transzendieren kann, unterscheidet er sich generell von anderen Lebewesen. Der Mensch, der in dieser transzendentalen Differenz steht, hat die Möglichkeit zur Autonomie im Sinne einer Selbstgesetzgebung. Der Mensch kann sich selbst Zwecke setzen und darin gründet seine Menschenwürde.[165]

Zur Selbstzwecklichkeit schreibt Kant:

> „...das aber, was die Bedingung ausmacht, unter der allein etwas Zweck an sich selbst sein kann, hat nicht bloß einen relativen Wert, d.i. einen Preis, sondern einen innern Wert, d.i. Würde.
>
> Nun ist Moralität die Bedingung, unter der allein ein vernünftiges Wesen Zweck an sich selbst sein kann..."[166]

Demnach ist das, was die Unbedingtheit des Wertes des Menschen ausmacht, seine Moralfähigkeit, denn sie ist die Bedingung für jene Selbstzwecklichkeit. Der Mensch hat seine Würde nicht aus sichtbaren Eigenschaften, sondern daraus, dass er als verantwortungsfähiges Wesen zwischen gut und böse zu unterscheiden hat. Diese Einstellung ist gerade keine überhebliche, denn sie zeigt auf, dass der Mensch als solcher fürsorglich und verantwortlich ist.[167]

Der Mensch hat einen Wert, der nicht gegen andere Werte aufgerechnet werden kann, weil er Zweck an sich selbst ist und keine Sache. Folglich ist er über allen Preis erhaben und darf nicht als bloßes „Mittel" benutzt werden.

---

163 Vgl. a.a.O., 144-146
164 Vgl. a.a.O., 146f.
165 Vgl. Anzenbacher (1992), 60f.
166 Kant, GMS (1974), BA 78.
167 Vgl. Holderegger (1995), 146f.

Der Mensch existiert also einfach nur, weil er Mensch ist. Dabei steht aber nicht seine biologische Spezies im Vordergrund oder die damit verbundenen biologischen Eigenschaften wie menschlicher Verstand, sondern das, was den Menschen ausmacht gründet in der Vernunft des Menschen, in der sog. *humanitas*. Aufgrund dieser Würde muss man anderen, aber nicht zuletzt sich selbst, Achtung und Anerkennung als Zweck an sich selbst entgegenbringen. Die Menschenwürde hat somit eine personale und eine soziale Perspektive.[168]

Als Voraussetzung für menschliche Würde ist nach Holderegger nicht das tatsächliche In-der-Lage-Sein von Selbstzwecklichkeit notwendig, sondern es reicht eine geistig-praktische Anlage dazu. Andernfalls müsste man Menschen in manchen Lebenslagen oder mit bestimmten Behinderungen ihre Würde absprechen, wenn sie nicht in der Lage sind, ihre Moralität zu verwirklichen.[169]

Diese Aussage, dass man Menschen, die sich ihrer Vernunft nicht bewusst sind und ihre Moralität nicht realisieren können, genauso eine kategoriale Würde zusprechen muss wie jedem anderen Menschen auch, ist eine Position, für die Peter Singer nicht eintreten würde. Er vertritt einen Präferenz-Utilitarismus, dem es um die Abwägung der Interessen der Beteiligten geht. Die moralische Qualität bemisst sich nach Singer daran, ob die Folgen einer Handlung die Interessen aller Betroffenen in einer optimalen Weise wahren. Dabei seien die Interessen von Subjekten, die ein Selbstbewusstsein haben, als gewichtiger zu bewerten. Singer entwickelt eine Stufenordnung des Lebendigen: unbewusstes und bewusstes Leben stehe auf einer niedrigeren Stufe als selbstbewusstes Leben. Selbstbewusst seien dabei die Wesen, die sich ihres Daseins mit Vergangenheit und Zukunft bewusst sind. Vergleichen könne man Lebensformen nach moralisch relevanten Eigenschaften wie Rationalität oder Autonomie. Auch menschliches Leben sei sich in manchen Lebensphasen noch nicht oder nicht mehr seiner selbst bewusst, könne seine Interessen nicht einbringen und sei deshalb als geringer zu betrachten.

Was Singer bei seinem Stufenschema allerdings übersieht, ist, dass der Mensch in einem Kontinuum steht und man nicht grundsätzlich zwischen

---

168 Vgl. Höffe (2002), 64-67.
169 Vgl. Holderegger (1995), 147f.

vorhandenen Fähigkeiten und bestehenden Anlagen dazu unterscheiden kann. Die Bestimmung der Menschenwürde nach Singer ist laut Holderegger höchst bedenklich, da sie als eine Maximaldefinition eine Unterscheidung in eigentliches und uneigentliches Leben vornimmt. Aus praktischen Gründen müsse immer eine Minimaldefinition angenommen werden, d.h. immer dann, wenn menschlich-personales Leben vermutet wird, muss es als schutzbedürftig gelten.[170]

Die kategorische Menschenwürde im Sinne Kants ist eine solche Minimaldefinition, da sie sich an der Selbstzwecklichkeit des Menschen festmacht. Dies ist ein unverlierbarer Status des Menschen.

Dennoch kann die Würde des Menschen Missachtung erfahren, was in jedem Fall moralisch verwerflich ist. Jedem Menschen kommt die gleiche Würde resp. der gleiche Rang zu, einfach, weil er Mensch ist. Wer die Menschenwürde bei sich selbst oder bei anderen missachtet, verstößt gegen eine moralische Pflicht, gegen sich selbst bzw. gegen andere.

Da sich Kant nicht auf jüdisch-christliche Traditionen beruft, ist seine Denkweise auch für unsere säkularisierte und pluralistische Gesellschaft geeignet.[171] Die absolute Würde des Menschen kann in ihrer Eigendynamik erkannt werden, ohne dass es der Rückfrage nach Gott bedarf: Wer für sich selbst einen rechtmäßig garantierten Handlungsfreiraum einfordert, der kann anderen eben diese Würde und Selbstbestimmung, die er für sich fordert, nicht absprechen. Das würde dem Prinzip der Gegenseitigkeit widersprechen. Der Christliche Gedanke der Gottebenbildlichkeit und einer besonderen Dignität des Menschen sind kohärent, aber das allgemeine Verständnis von Menschenwürde wird nicht durch christliches Denken exklusiv begründet.[172]

Menschenwürde am Lebensende

Der Sterbeprozess kann nach Elisabeth Kübler-Ross in verschiedenen Phasen verlaufen. So können Ablehnung, Verdrängung, Misstrauen, Verhandeln und Depression unterschieden werden. Im Endstadium kann es sein, dass die

---

170 Vgl. a.a.O., 155-160.
171 Vgl. Höffe (2002), 67f
172 Vgl. Schockenhoff (1993), 176.

Menschen sich mit eigener Schuld auseinandersetzen, dankbar sind für das, was sie erleben durften, oder dass sie neue Erkenntnisse in Bezug auf Mitmenschen, Erlebnisse oder Sinnhaftigkeit machen dürfen.[173]

Einen ähnlichen Aspekt greift Christof Müller-Busch auf. Er benennt als Ziel von Palliativmedizin, den Menschen trotz medizinischer Ausweglosigkeit Entwicklungsmöglichkeiten aufzuzeigen. So können Sterbende das Sterben als eine Art Vervollständigung ihres Lebens empfinden, denn das Sterben bietet als existenzielle Erfahrung die Möglichkeit, bestimmte Bewusstseinsprozesse zu durchlaufen. Die Auseinandersetzung mit dem nahenden Tod ist für viele eine Herausforderung und bedeutet, dass man nach Erkenntnissen sucht. Mit einer ganzheitlichen Betreuung können dem Sterbenden jedoch neue Perspektiven nahe gebracht werden, so dass der Tod für viele Menschen nach einer ausführlichen Auseinandersetzung keine Bedrohung, sondern eher ein Experiment und eine Schwelle zu etwas Neuem bedeuten kann.[174]

Mit der Säkularisierung hat sich jedoch die Einstellung zum Sterben geändert. Trotz Erkenntnissen wie denen von Kübler-Ross oder der modernen Palliativmedizin, wünschen sich die meisten Menschen einen schnellen oder plötzlichen Tod. Einen längeren Sterbeprozess zu durchlaufen verbinden viele Menschen mit der Vorstellung eines menschenunwürdigen Leidens, das gekennzeichnet ist von starken Schmerzen und einer Verlängerung eines unerträglichen Lebens durch die moderne Medizin.[175] Es stellt sich die Frage, ob der Sterbeprozess grundsätzlich als unwürdig zu beschreiben ist.

Gerade im Zusammenhang mit Krankheit und Sterben wird heute ein anderes Würdeverständnis als das der oben beschriebenen abendländischen Tradition angebracht. Vielmehr werden unter Würde innere und äußere Faktoren verstanden, die sich auf die Situation eines Menschen auswirken. Würde kommt demnach nur den Menschen zu, die einigermaßen leistungsfähig und unabhängig sind. Eine Angewiesenheit auf Hilfe durch andere und der Verlust von Selbstkontrolle werden demnach als entwürdigend wahrgenommen.

---

173 Vgl. Scherer (1998), 456f.
174 Vgl. Müller-Busch (2007), 189.
175 Vgl. von Lutterotti (1998), 455.

Dieses Verständnis von Menschenwürde beschreibt jedoch nur eine kontingente Würde. Die Würde ist demzufolge abhängig von zufälligen Merkmalen wie dem sozialen Status oder den individuellen Lebensumständen. Die hier geschilderte Menschenwürde meint im Gegensatz dazu aber eine inhärente, kategoriale Würde, die mit dem Dasein gegeben und unabhängig von individuellen Faktoren ist.[176]

Ob im ethischen Sinn ein Leben verkürzt oder beendet werden darf, hängt nicht nur von rechtlichen Vorgaben ab, sondern im Wesentlichen davon, wie die Grundauffassung über die Würde des Menschen und den Sinn menschlichen Lebens konstituiert ist. Die im Grundgesetz gegebene Deklamation der Menschenwürde ist die weitestmögliche, denn sie knüpft die Menschenwürde nicht an bestimmte Fähigkeiten und entspricht also einer inhärenten Menschenwürde. Sie umfasst ebenso kranke Menschen, Menschen mit Behinderungen und Sterbende wie leistungsfähige und gesunde Menschen.[177]

In Bezug auf den Sterbeprozess bedeutet diese Auffassung, den Mensch als Person zu achten. D.h., dass die Umstände des Sterbens so zu gestalten sind, dass der Sterbende weitestgehend in Entscheidungsprozesse involviert wird. Dabei müssen Leiden gelindert werden und die Möglichkeit zu letzten Willensbekundungen gegeben werden. Das bevorstehende Ende kann eine Bedrohung für die Menschenwürde sein, insofern, als der Mensch mit dem Tod nicht mehr am Leben teilnimmt und seine Würde nicht mehr in Anspruch nehmen kann. In diesem Kontext stellen sich für den Sterbenden Fragen nach einer Hoffnung über den Tod hinaus, welche von den begleitenden Personen ernst genommen werden müssen.[178]

Auch Eibach konstatiert, dass es kein menschenunwürdiges Leben geben könne, jedoch Lebensumstände, die der Würde des Menschen entgegenstehen und die deshalb erträglicher zu gestalten seien. Deshalb habe man nicht auf

---

176 Vgl. Rüegger (2003), 79f.
177 Vgl. Fonk (2000), 120f.
178 Vgl. Scherer (1998), 457.

die Beseitigung von Leben hinzuarbeiten, sondern auf die Beseitigung von Lebensumständen, die der unverlierbaren Menschenwürde widersprechen.[179]

Zwischenfazit: Der Wunsch zu sterben – autonom und menschenwürdig!?

In den vorhergehenden Punkten konnte aufgezeigt werden, dass es autonome Entscheidungen geben kann. Auch wenn z.b. Patientenverfügungen kritisch zu betrachten sind, weil der Wille eines Menschen in Bezug auf ein späteres unbekanntes Leiden nur schwer prognostizierbar ist oder auch wenn gerade die Autonomie eines Patienten durch starkes Leiden und eine mangelnde Informiertheit gekennzeichnet sein kann, kann doch nicht ausgeschlossen werden, dass es der freie Wille eines Menschen ist, seinen Tod durch medizinische Maßnahmen herbeizuführen.

Die transzendentale Reflexion hat ergeben, dass der Mensch nicht in naturkausalen Bedingungen aufgeht und sich selbst Zwecke setzen kann. Der Mensch ist Zweck an sich und darf nicht zum Objekt anderer Zwecke gemacht werden. In dieser Autonomie im Sinne einer Selbstgesetzgebung liegt die Würde des Menschen. Die Autonomie als Kennzeichen des Humanen ist somit die Voraussetzung für die Menschenwürde, die jedem Menschen, unabhängig davon, ob er diese Autonomie verwirklichen kann, als unverlierbares Charakteristikum zukommt.

Ein naturalistischer Fehlschluss liegt darin, zu glauben, nur weil man auf Hilfe angewiesen sei, wäre man nicht mehr autonom. Die Autonomie gilt universal und absolut und ist nicht an bestimmte Eigenschaften gebunden.

Als Zeichen höchster Selbstbestimmung kann es gelten, frei über den eigenen Todeszeitpunkt zu bestimmen. Wenn man einem Menschen diese Entscheidungsfähigkeit absprechen wollen würde, würde man damit seine in Art.1 Abs.1 des Grundgesetzes verankerte Menschenwürde missachten.

Nach Beckmann kann eine Selbsttötung dagegen nie als Zeichen von Autonomie und Menschenwürde gelten, denn ein Suizid zeugt von Grundhaltungen, die mit der Menschenwürde unvereinbar sind. Mit einer Selbsttötung würde zum einen die eigene Existenz als wertlos und überflüssig

---

179 Vgl. Eibach (2006), 252.

bewertet. Man könne auch von einer *Selbstentwertung* sprechen. Zum anderen würde eine *Selbstinstrumentalisierung* vorgenommen, da andere Ziele über den prinzipiellen Wert des eigenen Lebens gestellt werden. Diese Ziele oder Zustände könnten beispielsweise das Streben nach Glück oder Erfolg sein oder ein leidfreies Dasein. Mit der höheren Bewertung von sekundären Lebensvollzügen über die eigene Existenz mache sich der Mensch zu einem Instrument von heteronomen Bestimmungen.[180]

Auch Kant lehnt die Selbsttötung als „Verbrechen gegen sich selbst" ab. Selbst jemand, der äußerste Hoffnungslosigkeit empfinde, sei noch zur Vernunft angehalten und müsse sich fragen, ob er zuwider die Pflicht gegen sich selbst handelt, wenn er sich das Leben nimmt. Mit der Vernichtung des Subjektes der Sittlichkeit vernichte man die Sittlichkeit selbst. Außerdem handle man gegen den kategorischen Imperativ, denn die Maxime dieser Handlung könne nicht als allgemeines Gesetz gelten.[181]

Dennoch lässt sich nicht abstreiten, dass es Lebenssituationen gibt, die bei einem Menschen eine so große Verzweiflung evozieren, dass er sich selbst das Leben nehmen will. Letztendlich bringen wir in unserer Gesellschaft auch Verständnis dafür auf. Allerdings darf dabei nicht ignoriert werden, dass ein solcher Suizid aus Verzweiflung und nicht aus Freiheit erwogen wird. Wenn sich jemand aus Verzweiflung das Leben nimmt, entzieht sich das einer normativen Beurteilung durch andere.[182] Spaemann schreibt hierzu: „Selbstmord ist nicht ein ‚Recht', sondern eine Handlung, die sich der Rechtsphäre entzieht. Von ihr führt kein Weg zu irgendeinem Recht, einen anderen zu töten, beziehungsweise von einem anderen getötet zu werden."[183]

Nach diesen Positionen müsste man folglich die Beihilfe zum Suizid und die Tötung auf Verlangen kategorisch ablehnen. Nicht dass dadurch nur der „Todeswillige" seine eigene Würde missachtet, auch der Arzt/Beihelfer aberkennt die Würde des Menschen, da er ihm darin zustimmt, dass sein Leben lebensunwert ist. Außerdem kann postuliert werden, dass auch der

---

[180] Vgl. Beckmann (2004), 219-221.
181 Vgl. Kant, GMS (1974), BA53; Beckmann (2004), 222.
182 Vgl. Eibach (2006), 261.
183 Spaemann (2004), 108.

Sterbende weiterhin ein sittlich verantwortliches Wesen ist und als solches kann er von seinen Mitmenschen nichts verlangen, was deren Grundhaltungen und Werteinstellungen widerspricht.

Allerdings berücksichtigt diese Argumentation noch nicht, dass es im Zuge der modernen Medizin Ausnahmesituationen geben kann. Situationen, in denen die Lebensqualität durch eine medizinische Lebensverlängerung nicht mehr aufrechterhalten werden kann. Und was ist zu tun, wenn es der absolute Wille eines Patienten ist, sein Leben zu beenden? Es ist fragwürdig, ob er noch empfänglich wäre für die geschilderte Argumentation und ob man ihn entgegen seinem Willen zum Weiterleben zwingen kann. Dabei kann der Wille nur vermeintlich sein oder es kann der ausdrückliche Wille des Patienten sein, sich gegen den kategorischen Imperativ zu stellen und den heteronomen Bestimmungen nachzugeben.

Hierzu beziehen Siep und Quante Stellung. Sie konstatieren, dass man es philosophisch-ethisch nicht verwerfen kann, wenn man dem Todeswunsch eines Leidenden stattgibt.

Sie bezweifeln, ob man als Arzt tatsächlich die Würde des anderen abspreche, weil man verstehe, dass er sein Leben als unwürdig betrachtet. Denn der Arzt könne zwar nicht von sich aus behaupten, das Leben des anderen sei unwert, aber er könne dem Patienten Glauben schenken, der dies behauptet und im Falle eines völlig reduzierten physischen und psychischen Allgemeinzustandes könne ein Patient durchaus das eigene Leben als nicht mehr lebenswert betrachten. Deshalb sei es ethisch noch verwerflicher, diesen dann zum Weiterleben zu nötigen. Aus individualethischen Gründen könne von niemandem verlangt werden, sein Leben heroisch bis zum Schluss auszuhalten. Dabei müsse jedoch der Wille des Patienten eindeutig, ernsthaft und begründet sein.[184]

Doch diese Situation, in der der Wille des Patienten so dezidiert ist und mit keinerlei Maßnahmen eine Verbesserung der Lebensqualität mehr vorgenommen werden kann, ist ein Extremfall. Deshalb bietet die Legalisierung von Suizidbeihilfe und Tötung auf Verlangen keine Lösung, da

---

184 Vgl. Siep/Quante (2000), 43-45; 54.

sie dann nicht nur in Ausnahmefällen angewandt werden, sondern generelle Handlungsoptionen bieten.[185] Statt die bestehende Gesetzeslage ändern zu wollen ist es daher sinnvoller, Einfluss auf das bestehende gesellschaftliche Meinungsbild zu nehmen und die Enttabuisierung des Themas Tod und Krankheit zu intensivieren.

Der Umgang mit der eigenen Endlichkeit ist nach Richard Gula immer eine tief religiöse Frage und in der Debatte um Sterbehilfe geht es im Grunde immer um in der Gesellschaft vorherrschende Ansichten und die Frage nach dem eigenen Sein und seiner Bestimmung.[186] Gerade durch die Kirchen kann starker Einfluss auf die Einstellung der Gesellschaft und der Einzelnen ausgeübt werden. Sie hat die Möglichkeit, Krankheit, Leid und Sterben sowie Fragen der eigenen Existenz zu thematisieren. Ein anderer Bereich, der die Meinungsbildung beeinflusst, ist die Haltung von Medizin und Pflege. Die Erfahrungen, die wir mit den Personen des Gesundheitswesens machen, prägen unsere Einstellung bezüglich des eigenen Lebensendes. In den folgenden Punkten soll deshalb eruiert werden, welchen Beitrag sowohl die Kirchen als auch Medizin und Pflege leisten können und welche Alternativen es zur Sterbehilfe gibt.

Theologische Aspekte

Um die Positionen der Kirchen verstehen zu können und ihre Einflussmöglichkeiten herleiten zu können, bedarf es zunächst einer theologisch-ethischen Reflexion. Es gilt zu untersuchen, welche speziell christlichen Aspekte eine Ethik am Lebensende ergänzen können. Auch wenn diese Argumente nur aus christlicher Sicht Geltungsanspruch erheben können, kann doch ein allgemein gesellschaftlicher Einfluss nicht ausgeschlossen werden.

Theologisch-ethische Aspekte

Das Bild, das viele Menschen mit Kirche verbinden, hat nur wenig mit Freiheit und Autonomie gemeinsam, sondern ist eher von Regeln und Dogmen geprägt. Dabei ist die Freiheit ein grundlegendes Element

---

185 Vgl. Beckmann (2004), 229-231.
186 Vgl. Gula (2000), 154.

theologischer Ethik. In biblischen Texten wird deutlich, dass Gott ein Befreier ist und er die Menschen zur Freiheit befreit. Gottestaten wie der Exodus und die Auferstehung Christi sind der Grund menschlicher Freiheit. Demnach kann Gott als Vorausbedingung der Freiheit gesehen werden. Allerdings nicht in rein transzendenter Weise, sondern erfahrbar und immanent, wie die Bibel aufweist. Dabei gibt Gott keine Normen vor, sondern ermöglicht es den Menschen, durch ihre Freiheit verantwortlich für und nicht vor den Normen zu sein. Deshalb können wir auch normenkritisch sein und aufgrund unserer eigenen Vernunft das Gute erkennen.[187]

Neuere theologische Ethik hat dem Menschen und seinem freiheitlichen Handeln eine zentrale Position zugeschrieben. Im Sinne Kants habe der Mensch die Möglichkeit zur „Autonomen Moral". D.h., dass der Mensch das Gute erkennen und nach dem Willen Gottes handeln kann, ohne strikt einen vorgegebenen göttlichen Normenkatalog befolgen zu müssen. Da Gott die Freiheit des Menschen unbedingt will, kann es folglich keinen anderen Zugang zum Willen Gottes geben als über die Selbstbindung der Freiheit auf der Grundlage der Vernunft.[188]

Knauer zeigt er auf, dass christlicher Glaube keine anderen Normen liefert als die, die auch ein nichtgläubiger Mensch allein aufgrund seiner Vernunft besitzt. Die Verpflichtung zu moralischem Handeln sei aus sich selbst heraus unbedingt. Die spezielle Leistung des Glaubens bestehe vielmehr darin, dass er dazu beitrage, dieses Moralverständnis überdies in die Tat umzusetzen. Glaube könne in vielen Fällen die Angst vor einem Verlust der eigenen Sicherheit, die man für andere aufgeben muss, abbauen.[189]

Glaube kann also wie ein „Katalysator" fungieren, indem er die Handlungsmotivation des Gläubigen „antreibt" und so moralisch gutes Handeln erleichtert. Trotzdem bleibt aus christlicher Sicht zu klären, welche Bedeutung Gott in der vernunft- und freiheitsbegründeten Ethik zukommt. Greis nimmt hierzu den Standpunkt der „theonomen Autonomie" auf: Auch wenn der Mensch autonom ist und einzig aufgrund seiner Vernunft nach dem

---

187 Vgl. Greis (2000), 138f.
188 Vgl. a.a.O., 139f.
189 Vgl. Knauer (1986), 216-218.

Guten strebt, ist seine Freiheit doch zurückgebunden an Gott. Nach christlichem Verständnis sind der Mensch und somit auch seine Freiheit auf Gottes Schöpfung zurückzuführen. Das heißt nicht, dass der Mensch letztlich doch fremdbestimmt ist durch Gott, sondern, dass er erst durch Gott zur Autonomie befähigt ist. Deshalb kann man auch von theonomer Autonomie sprechen.[190]

Holderegger kritisiert die Begrifflichkeiten von theonomer Autonomie oder Theonomie. Seiner Meinung nach sei es besser, von einer „theologischen Begründung der sittlichen Autonomie" zu sprechen. Die Autonomie ziele auf die Selbstbestimmung und das Finden sittlicher Urteile ab. Gottes Anteil an dieser Autonomie sei eher ausgerichtet auf die Heilsbedeutung, die daraus erwächst. Indem sich die Autonomie an die Kriterien der Humanität binde, entscheide der Mensch selbst über Heil oder Unheil.[191]

Ein weiterer Aspekt, der die theologisch-ethische Reflexion in Bezug auf eine Positionierung zu aktiver Sterbehilfe und Beihilfe zum Suizid bestimmt, ist der der Gottebenbildlichkeit des Menschen. Allein Christus ist als ein Bild des unsichtbaren Gottes anzusehen. Die Menschen sind nicht *als* Bild Gottes, sondern *nach* dem Bild Gottes geschaffen, wobei alle Menschen auf dieses Bild hin geschaffen sind. Dabei ist jedoch klar, dass dies kein starres, sondern vielmehr ein dynamisches Bild ist. Der Anteil des Menschen an dem göttlichen Urbild ist gleichzeitig unverlierbar wie auch bleibend unvollkommen. Die Ebenbildlichkeit des Menschen kann folglich sowohl Fort- als auch Rückschritte machen.[192]

Ferner gründet die Gottebenbildlichkeit des Menschen nicht in einem Wesensvorzug oder einem artspezifischen Gattungsmerkmal.[193] Die Ebenbildlichkeit Gottes wird nicht in Abgrenzung zu anderen Lebensarten, sondern in der Gemeinschaft des Menschen zu Gott gedacht. Sie besteht einzig in der Existenz des Menschen als Mensch und als Geschöpf Gottes. Alle anderen Eigenschaftsmerkmale des Menschen wie seine

---

190 Vgl. Greis (2000), 139-141.
191 Vgl. Holderegger (1995), 66f.
192 Vgl. Schockenhoff (1993), 130f.
193 Vgl. hierzu Kapitel 5.2.2: Speziesismus-Argument als unzureichendes Kriterium für Menschenwürde.

Vernunftbegabung, sein Herrschaftsauftrag über die Schöpfung usw. sind nicht Grund für die Ebenbildlichkeit, sondern Bezugsgrößen, die mit dem Mensch-Sein in Zusammenhang stehen. Entscheidender ist vielmehr die Gemeinschaft zu Gott, die Gott durch seine Anrede des Menschen in der Schöpfung hergestellt hat. Indem der Mensch zu Gott in eine Beziehung gerufen ist, ist er gleichzeitig zu sich selbst gerufen und in Freiheit gesetzt.

Auf anthropologischer Ebene entspricht der theologische Terminus der Gottebenbildlichkeit dem der Person. Auch das Person-Sein ist eine Kategorie, die nicht an bestimmte Eigenschaften oder Wesensmerkmale geknüpft ist. Sie gibt keine Rückschlüsse auf einen Vergleich des Menschen mit anderen Lebewesen, sondern betont die generelle Unvergleichlichkeit jedes einzelnen Menschen.[194]

Wenn Gott den Menschen durch seine Schöpfung und sein Anrufen nach seinem Bild geschaffen hat, bedeutet das eine besondere Verantwortung des Menschen für sein eigenes Leben. Jemand, der sich selbst tötet, verweigert sich nach Ansicht der Katholischen Kirche gegen Gott und diese Verantwortung und bricht die Zeit ab, die Gott ihm als Heilschance zugedacht hat.[195]

Diese von der Theologie lange vertretene Ansicht, die dem Menschen kein Verfügungsrecht über sein eigenes Leben zuschreibt, sei nach Holderegger jedoch nicht stringent. Die Freiheit des Menschen würde drastisch eingeschränkt, wenn er keine volle Selbstverfügung zugesprochen bekomme. Wenn die Kirche eine Fremdverfügung z.B. im Falle von Strafvollzug als gerechtfertigt ansehe, muss es logischerweise auch für die Selbstverfügung gelten.

Dennoch kann der Rekurs auf eine bisher zulässige, aber auch fragliche Anerkennung von Fremdverfügung auch kein Grund für eine völlige Selbstverfügung des Menschen sein. Die Aussage von Gott als Herr über Leben und Tod sei nämlich nicht als ein Rechtssatz, sondern als ein göttlicher Vorbehalt zu verstehen. Sie verweise darauf, dass der Mensch das Leben Gott

---

[194] Vgl. Schockenhoff (1993), 132f.
[195] Vgl. DBK (1995), 282f.

verdankt und Leben und Tod einer absoluten Machbarkeit des Menschen entzogen sind. Nur indem wir erkennen, dass es eine Grundaufgabe des Menschen ist, das Verhältnis von Leben und Tod bzw. von Lebenssinn und Leid stetig neu zu überdenken, könnten wir Leben und Tod vor einer Trivialisierung schützen. Lebensqualität zeige sich nicht in erster Linie darin, dass man ein erfülltes Dasein führen könne, sondern darin, dass wir nach Sinn suchen und uns die Frage nach dem Mysterium des Lebens und Sterbens stellen.

Aus theologischen Gründen könne also an der Unverfügbarkeit des Lebens festgehalten werden, wenn sie mit dem theologischen Vorbehalt begründet würde. Dennoch könne nicht in jedem Fall von Lebensbeendigung ein vernichtendes Urteil gesprochen werden, da persönliche moralische Entscheidungen im Einzelfall nicht auf ethischer Ebene zu beurteilen und Leiderfahrungen zutiefst individuell seien.[196]

Positionen der Kirchen

Die Stellungnahmen der katholischen und evangelischen Kirche nehmen die oben dargelegten Grundgedanken auf und machen an ihnen ihre Positionierung zu aktiver Sterbehilfe und Suizidbeihilfe fest.

So bekräftigt die Katholische Kirche in der *Erklärung zur Euthanasie* der Kongregation für die Glaubenslehre die Grundsätze der Lehre, die schon im II. Vatikanischen Konzil in der Pastoralkonstitution *Gaudium et Spes* festgelegt wurden. Weil der Mensch eine überragende Würde habe und ein besonderes Recht auf Leben, seien jedwede Anschläge gegen das Leben wie Mord, Völkermord, Abtreibung, Euthanasie und der freiwillige Selbstmord anzuprangern. Es sei festzuhalten, dass niemand das Leben eines unschuldigen Menschen angreifen könne, ohne damit der Liebe Gottes zu ihm zu widersprechen. Damit würde ein unverlierbares und unveräußerliches Recht verletzt und ein schweres Verbrechen begangen. Das Leben, das dem Menschen von Gott anvertraut sei, habe dieser nach Gottes Ratschluss zu führen.

---

196 Vgl. Holderegger (1995), 273-275.

Ebenso wie ein Mord sei ein Selbstmord nicht zu rechtfertigen, weil damit die Herrschaft Gottes und seine liebende Vorsehung zurückgewiesen würden. Zugleich sei ein Selbstmord oft die Verweigerung der Selbstliebe und der Verpflichtung gegenüber dem Leben und der Gemeinschaft. Allerdings könne es seelische Verfassungen geben, die die Schuldhaftigkeit des Suizidenten mindern oder aufheben.

Zur Tötung auf Verlangen wird erklärt, dass es nie ein Recht geben könne, ein menschliches Leben unschuldig zu töten, auch wenn es sich um einen unheilbar Kranken oder Sterbenden handelt. Die Bitte um diese Handlung oder schon die Zustimmung zu dieser Handlung sei niemandem erlaubt, da sie eine Verletzung eines göttlichen Gesetzes, eine Beleidigung der Würde des Menschen und ein Verbrechen gegen das Leben darstelle. Zwar könne auch in diesen Fällen die Schuld des Menschen vermindert oder nicht vorhanden sein, aber das schließe nicht die Ablehnung dieser Handlung aus. Die Bitten der Schwerkranken seien als Hilferuf zu verstehen und nicht als wirklicher Wille zur Sterbehilfe.[197]

Dass diese Stellungnahme für den heutigen Diskurs nur noch bedingt ernst genommen werden kann, lässt sich an der Wortwahl („Selbstmord") festmachen und daran, dass die Kirche nicht zugesteht, dass es einen ernsthaften Wunsch nach Lebensbeendigung geben kann. Differenzierter wird die Sterbehilfe in der gemeinsamen Erklärung des Rates der EKD und der DBK *Gott ist ein Freund des Lebens* von 1989 betrachtet.

Zwar bleibt die Positionierung von der Grundhaltung her die gleiche, denn auch hier wird herausgestellt, dass eine Tötung auf Verlangen immer abzulehnen sei. Aber die gesamte Argumentationsweise hält sicherlich eher einem interdisziplinären Diskurs stand. So wird dargestellt, dass dem Wunsch nach Hilfe zum Sterben nicht nachgegeben werden darf. Auch dann nicht, wenn jemandem der Tod besser erscheint als das Leben, weil er dieses als schrecklich empfindet und er selbst hilflos ist. Vielmehr sei es die Aufgabe des anderen, den Leidenden in seiner Verzweiflung zu trösten, sich ihm zuzuwenden und ihn darin zu bestätigen, dass sein Leben nicht sinnlos ist. Ein Arzt, der einem Verlangen nach Lebensbeendigung nachkommt, käme in

---

197 Vgl. Kongregation für die Glaubenslehre (1980).

Konflikt mit seiner Rolle als Anwalt des Lebens und zerstöre das für die Beziehung zwischen Arzt und Patient notwendige Vertrauensverhältnis. In Bezug auf die Selbsttötung sagen die Kirchen aus, dass der Mensch sich in diesem Akt selbst verneine. Die Motive, die zu dieser Handlung geführt haben, könnten von Außenstehenden jedoch nie beurteilt werden. Doch auch wenn man die Tat im Letzten nicht billigen kann, so könne daraus nicht abgeleitet werden, dass dem Suizidenten der Respekt versagt werden kann.[198] Aus dieser Aussage kann die Ablehnung der Beihilfe zum Suizid rekonstruiert werden. Auch wenn man Respekt hat für die Person, die nicht mehr leben will, heißt das nach christlichem Verständnis nicht, dass man eine Selbsttötung akzeptieren oder gar unterstützen kann.

Die evangelische Kirche schreibt im EKD-Text 97 *Wenn Menschen sterben wollen*, dass die harte Verurteilung, die „Selbstmördern" von der Kirche lange Zeit zuteil wurde, zu den dunklen Kapiteln in der Geschichte der Kirchen gehöre. Dies läge daran, dass die Aussage, dass das Leben eine Gabe Gottes ist, anders verstanden wurde als es heute der Fall ist. Damals sei es als einseitiges Verbot gehandhabt worden. Heute sei es im Sinne einer Ermutigung zu verstehen, das eigene Leben als Gabe Gottes zu sehen und es in dieser Vielfältigkeit anzunehmen. Dabei müsse man sich führen lassen durch denjenigen, dem man sein Leben verdankt. Erfahrungen wie Krankheit oder Verlust könnten dann nicht die Selbstbestimmung im Leben stören, sondern sind Anlass zu einer Integration dieser Erfahrungen in das eigene Lebenskonzept. Dabei sei der Mensch aufgefordert, sich führen zu lassen und situationsbedingt Verantwortung zu übernehmen.

Wer sein Leben so verstehe, könne eine schwere Leidenssituation auch annehmen. Eine Lebensbeendigung würde in so einem Fall eine Abkehr von der Grundeinstellung gegenüber dem Leben bedeuten. Dennoch betont die Schrift der evangelischen Kirche, dass anderen kein Urteil darüber zustehe, wenn andere Menschen diese Grundeinstellung zum Leben und Sterben nicht vertreten. Das Evangelium spreche den Mensch in der Freiheit des eigenen Gewissens an, folglich müsse man Respekt für die Sicht des anderen auf sein Leben aufbringen. Dies gelte erst recht, wenn dieses Leben in Verbindung mit

---

198 Vgl. Kirchenamt der EKD/Sekretariat der DBK (1989 - Sonderausgabe 2000), 107-109.

einer schweren Krankheit stehe. Auch wenn man selbst eine aktive Lebensbeendigung nicht bejahen könne, müsse man doch Respekt vor der Entscheidung des Einzelnen haben, der sich dazu entschließt. Ferner muss auch Respekt gegenüber Dritten erbracht werden, die ihn dabei unterstützen. Gerade die Menschen, die selbst schwere Leiderfahrungen gemacht haben, können die Gewissenskonflikte nachempfinden und müssten sich jeden Urteils enthalten.[199]

Die evangelische Kirche kommt schlussendlich zum gleichen Standpunkt wie die katholische Kirche und in gemeinsamen Stellungnahmen (*Gott ist ein Freund des Lebens*, *Sterbebegleitung statt aktiver Sterbehilfe*, gemeinsame Vorlage für Christliche Patientenverfügungen etc.) wird dies öffentlich zum Ausdruck gebracht. Dennoch zeichnen sich die evangelischen Erklärungen durch eine selbstkritischere und liberalere Herangehensweise aus, denn es wird konstatiert, dass es Grenzfällen geben kann, „in denen Menschen sich um eines anderen willen genötigt sehen können, etwas zu tun, das ihrer eigenen Überzeugung und Lebensauffassung entgegensteht."[200]

Beitrag von Kirche und Theologie

Dass Kirche sich mit christlichen Stellungnahmen in Debatten um aktive Sterbehilfe und Beihilfe zum Suizid einbringt, ist durchaus richtig und der Einfluss auf politische Entscheidungen ist nicht zu unterschätzen. Dennoch sind die Positionspapiere nicht ausreichend. Theologie und Kirche müssten schon an einem früheren Punkt der Meinungsbildung ansetzen: Nicht erst, wenn Debatten um eine Legalisierung von Sterbehilfe geführt werden, sondern bereits, wenn die Einstellung der Gesellschaft zu Leiden und Sterben entsteht.

Hubert Doucet erläutert hierzu vier Aufgabenfelder, durch die Kirche einen Beitrag zum gemeinschaftlichen Zusammenleben und zur öffentlichen Diskussion um Sterbehilfe leisten sollte. Dabei soll nicht auf den Dualismus zwischen Befürwortung und Ablehnung der Tötung auf Verlangen Rekurs genommen werden, sondern es sollen die spirituellen Dimensionen

---

199 Vgl. Kirchenamt der EKD (2008), 27-29.
200 Vgl. a.a.O., 29.

herausgestellt werden, die dem Kranken und Sterbenden dazu verhelfen können, seiner Existenz auch im Zustand vermeintlich schwindender Sinnhaftigkeit einen Sinn zu verleihen.

Eine erste nicht nur spezifisch theologische Aufgabe liegt darin, den kranken Menschen in seiner Ganzheit wahrzunehmen. Mit der klinischen Medizin wurde der Fokus auf die einzelnen pathologischen Vorgänge des Körpers gelegt, so dass vielfach nur die einzelnen Organe und weniger der Mensch als Person behandelt wird. Krankheitsgeschichte und angeschlagene Humanität des Menschen werden nach Doucet zu sehr außer Acht gelassen. Die Aufgabe der Theologie diesbezüglich ist es, die Bedeutung der Anerkennung des Anderen in seiner Gesamtheit zu betonen. Dies kann dadurch geschehen, dass den Patienten Raum gegeben wird, Ängste und Wünsche zum Ausdruck zu bringen. Selbstverständlich heißt es auch, ihn in seiner Autonomie anzuerkennen, ihn ausreichend über therapeutische Maßnahmen zu informieren usw., aber darüber hinaus muss der Patient in der vielseitigen Herausforderung des nahenden Todes begleitet werden.

Eine zweite Aufgabe liegt in der Anerkennung des Todes nicht als größtes Übel, sondern als Teil des menschlichen Lebens. Die Verdrängung des Todes aus der Gesellschaft sei kein modernes Phänomen, sondern ein generelles Merkmal von Menschheit. Allerdings sind mit der Moderne zwei neuartige Formen der Todesverdrängung entstanden. Zum einen eine Verdrängung des Todes durch die Medizin, die suggeriert, dass die Grenze des Lebens immer weiter hinausgeschoben werden kann und der Tod in einer hoch entwickelten Gesellschaft noch viel dramatischer ist. Eine zweite Erscheinungsform liegt im sog. sozialen Tod. Durch die Abwertung und Ausgrenzung von alten Menschen erscheint die aktive Sterbehilfe oft als beste Lösung, diesem sozialen Tod zu entgehen. Der christliche Beitrag hierzu muss darin liegen, die Endlichkeit des Menschen zu thematisieren und bei fundamentalen, metaphysischen Fragen zu unterstützen. Die christliche Hoffnung kann dazu verhelfen, ein nahendes Lebensende als eine Vervollkommnung des Lebens zu betrachten.[201]

---

201 Vgl. Doucet (2002), 318-322; 325.

Holderegger schreibt in diesem Zusammenhang, dass Theologie die Aufgabe hat, einer Banalisierung von Leben und Tod entgegenzuwirken. Gerade weil der Mensch in der Frage nach dem Mysterium des Lebens an die Grenzen menschlichen Verstehens stößt, kann Religion einen Beitrag leisten, indem mit den Bildern und Texten der Bibel eine Annäherung an das Unverstehbare geschehen kann.[202]

Als dritte Aufgabe sieht Doucet die Unterstützung der Gesellschaft im Vertraut-Machen mit dem Leiden angesichts des Todes. Auch wenn die Palliativmedizin mittlerweile eine hervorragende Schmerztherapie anwendet, die neben der eigentlichen Schmerzempfindung auch den biografischen, kulturellen und sozialen Kontext des Schmerzes berücksichtigt, kann doch das persönliche Leiden, das durch das bevorstehende Lebensende ausgelöst wird, nicht medizinisch behandelt werden. Theologie kann eine herausragende Rolle dabei einnehmen, den Menschen in diesem Leiden beizustehen. Auch hier gilt es, die Sinnsuche durch religiöse Beiträge zu unterstützen.[203] Klaus Demmer sieht für die Kirche jedoch die Möglichkeit, schon früher einen Beitrag zum besseren Umgang mit Leiden zu leisten. In der Konsequenz ihres Selbstverständnisses falle der Kirche ein besonderer Bildungsauftrag zu, sie müsse lehren mit Leiden umzugehen.[204]

„Prophylaktische Ethik ist gefordert, die es versteht, eine leidversöhnte Innenwelt der Gedanken und Gefühle aufzubauen, ehe es zu spät ist"[205] In Kirche kann also eingeübt werden, was für den späteren partnerschaftlichen Umgang mit Ärzten und Pflegenden aber auch mit der eigenen Endlichkeit von großem Nutzen sein kann. Wer ein Bewusstsein für das Angewiesensein auf andere und auf Gott entwickelt hat und sich in Tod und Auferstehung Christi hineingenommen sieht, hat eine wichtige Dimension zur Bewältigung von Leiden erzielt.[206]

---

202 Vgl. Holderegger (1995), 274.
203 Vgl. Doucet (2002), 322f.
204 Vgl. Demmer (2000), 181.
205 Ebd.
206 Vgl. ebd.

Doch selbst wenn man das Leid akzeptieren kann, besteht eine weitere Bewältigungsaufgabe darin, den Tod in die eigene Individualität zu integrieren. Es stellt sich dabei jedoch die Frage, wie man etwas in die Persönlichkeit integrieren soll, was letztlich zur Negation der Persönlichkeit führen wird. An dieser Stelle können religiöse Deutungsangebote zum Ausdruck bringen, dass die Integrität der Person nicht mit dem Tod endet. Dies kann durch die christliche Rede von der Auferstehung erreicht werden. Allerdings bleibt dieser Glaube ein Angebot, dass nicht oktroyiert werden kann. Ob Sterben für das Individuum ein würdiges Sterben ist, bemisst sich letztlich daran, ob der Sterbende für sich zu der Einschätzung gelangen kann, dass z.b. die Religion für ihn eine Perspektive bereithält, die die Macht des Todes mit der Bedrohung der eigenen Persönlichkeit übersteigt.[207]

An diese Schwierigkeit, den eigenen Tod zu integrieren, schließt die vierte Aufgabe an, die nach Doucet der Theologie zukommt: Das Mitgefühl für den Anderen als eine Möglichkeit zur Wahrung der menschlichen Würde zu betrachten. Die Aufgabe von Ärzten und Pflegenden im Umgang mit Sterbenden erschöpft sich nicht in praktischer Unterstützung. Gerade durch das Mitgefühl, das dem Sterbenden von anderen entgegengebracht wird, kann sich für den Leidenden ein neuer Sinn eröffnen. Im Erfahren von Mitgefühl kann der Mensch seine eigene Würde, die er vielleicht schon als verloren angesehen hatte, neu erfahren. Oberstes Ziel von Medizin und Pflege sei daher die Wahrung der Würde des Patienten. Der Beitrag der Theologie besteht hier darin, die Einheit aller Lebensbereiche herauszustellen und die Haltung der Nächstenliebe im Umgang mit Kranken zu betonen.[208]

Die Aufgaben, die Doucet benennt, könnten eine „prophylaktische Ethik" ermöglichen und dazu beitragen, dass ein Mensch-Sein mit freudigen aber auch leidvollen Aspekten in unserer Gesellschaft ermöglicht wird. Ob die Kirche diese Verantwortung aktuell ausreichend wahrnimmt, kann an dieser Stelle nicht umfassend beantwortet werden. Es kann lediglich die Überlegung angeregt werden, ob die Kirche sich derzeit gerade den Jugendlichen über Weltjugendtage und Katholiken- bzw. Kirchentage eher als „Event-Kirche"

---

207 Vgl. Anselm (2006), 149.
208 Vgl. Doucet (2002), 323-325.

präsentiert, statt der Klage und dem Leid Raum zu geben. Und die Tatsache, dass derzeit die Debatten um Patientenverfügungen, aktive Sterbehilfe und assistierten Suizid mit erneuter Heftigkeit geführt werden, kann dieser Vermutung Recht geben, dass u.a. die Kirchen nicht genug dazu beitragen, dass die Menschen weniger Angst vor Leiderfahrungen und Sinnfragen haben.

Konsequenzen für Medizin und Pflege

Mit dem medizinischen Fortschritt haben sich auch Veränderungen und Umstrukturierungen im Gesundheitswesen eingestellt. Für Pflege und Medizin kommen neue Aufgaben hinzu und ethisch komplexe Situationen erzeugen bei vielen Beschäftigten eine erhebliche Belastung. Das Bedürfnis nach professioneller Entscheidungshilfe in Grenzsituationen und eine wachsende Rechtsunsicherheit sind die Folgen. Der gesteigerte Stellenwert der Ethik lässt sich an der zunehmenden Thematisierung von Medizin- und Pflegeethik in den Ausbildungen und Studiengängen ablesen. Man versucht, Kriterien zu entwickeln, die im Konfliktfall Orientierung bieten. Dabei spielt auch die Wertschätzung der Patientenautonomie eine immer bedeutendere Rolle.[209] In diesem Kapitel sollen deshalb beispielhaft zwei Bereiche vorgestellt werden, die dazu verhelfen können, die Würde und Autonomie von Patienten gerade am Lebensende zu erhalten bzw. zu steigern: Konzepte für Ärzte und Pflegende, die zum Schutz der Patientenautonomie die Kommunikations- und Entscheidungsqualität verbessern sollen, und die medizinische und pflegerische Fachrichtung Palliative Care.

Schutz der Patientenautonomie

Die Respektierung des Patientenwillens ist in den letzten Jahren zwar immer wichtiger geworden und wird in medizinethischen Kontexten häufig betont, entspricht aber laut Feuerstein und Kuhlmann nicht der Realität. Parallel zur Stärkung der Patientenrechte habe ein Wandel in der Arzt-Patient-Beziehung stattgefunden und nun bedürfe es einer Anpassung. Deutlich würde der Wandel daran, dass Ärzte sukzessive ihre Autonomie einschränken mussten, da sie durch den medizinischen Fortschritt immer mehr von Richtlinien und

---

209 Vgl. Woellert/Schmiedebach (2008), 9.

Standards bestimmt seien. Neben den externen Kontextveränderungen seien weitere Gründe für den ärztlichen Autonomieverlust auf professioneller und institutioneller Ebene angesiedelt. Beispielsweise in der Tendenz zur Verstärkung der fachlichen Spezialisierung oder der extremen Arbeitsteilung, wie sie in vielen Kliniken durchgeführt wird.

Eine weitere Veränderung des Arzt-Patienten-Verhältnisses gehe damit einher, dass das moderne Kostenerstattungssystem, das nach Fallpauschalen und festen Budgets ausgerichtet ist, dazu führe, dass die Ärzte nicht mehr ausschließlich im Interesse des einzelnen Patienten handeln können. Der Arzt wird durch ökonomische Zwänge bestimmt, die nur noch das medizinisch Notwendige zulassen und nicht mehr die bestmögliche Versorgung. Andererseits erhöht sich der Verantwortungsdruck des Arztes gegenüber dem Patienten und es besteht für den Arzt das Risiko, für unzureichende Behandlung sanktioniert zu werden.

Die Forderung nach einer erhöhten Patientenautonomie kann in dieser Lage auch zugunsten des Arztes ausgenutzt werden, indem dem Patienten suggeriert wird, dass man an seiner Mitbestimmung interessiert ist und ihn dabei in einer Art und Weise informiert, wie es auch den eigenen Interessen entspricht. Denn einseitige Informationen, die den Patienten zu unangemessenen, aber selbstverantworteten Behandlungsentscheidungen führen, können im Gegensatz zu unangemessenen Handlungsentscheidungen des Arztes kaum sanktioniert werden. So besteht zwar kein Paternalismus im herkömmlichen Sinn mehr, der den Patienten nicht in Entscheidungen einbezieht, dafür indessen ein Neopaternalismus, der sich hinter ärztlicher Informationstaktik verbirgt.[210]

Auch Zimmermann-Acklin stellt fest, dass es eine Divergenz zwischen bioethischen Fachdiskursen und der klinischen Realität gibt. Er konstatiert in Bezug auf die Patientenautonomie, dass ihr derzeitiges Verständnis – als ein Widerstand gegen jegliche Art von Bevormundung – einem gesellschaftlichen und klinischen Umfeld entspringt, das es zu überwinden gelte. Um im klinischen Alltag ein angemessenes und realisierbares Konzept der Selbstbestimmung von Patienten zu schaffen, müsse man von diesen

---

210 Vgl. Feuerstein/Kuhlmann (1999), 9-12.

Vorstellungen abrücken.[211] Auch Monika Bobbert beschreibt, dass das Recht auf Achtung der Autonomie im Umgang mit Patienten mehr sein müsse als ein bloßes Abwehrrecht, welches nur eine negative Freiheit ermöglicht. Denn zum einen dürfe der Wille des Patienten nicht übergangen werden, aber zum anderen müsse der Patient auch die Möglichkeit haben, als Ausdruck seiner positiven Freiheit, die Wünsche und Ziele für sein Leben selbst zu bestimmen. Hier sei es gerade in Institutionen des Gesundheitssystems die Aufgaben von helfenden Berufen, dem Patienten eine Willensbildung über Sachverhalte zu ermöglichen, die ihm größtenteils fremd sind.

Bestimmte Asymmetrien, die beispielsweise durch den fachlichen Wissensvorsprung oder den gewohnten Umgang in der Institution auf Seiten der Behandelnden entstehen, lassen sich nicht vollständig reduzieren. Dennoch können die Pflegenden und Ärzte viel dazu beitragen, die Informationsdefizite und Freiheitseinschränkungen zu erkennen und zu beseitigen bzw. zu mildern.

Ärzte und Pflegende haben die Aufgabe, die Voraussetzungen der Fähigkeit zur aktuellen Selbstbestimmung zu fördern. Dies kann durch eine bestimmte, Offenheit signalisierende Haltung in der Kommunikation und im Umgang mit dem Patienten erreicht werden. Z.B. indem sie kontinuierlich Gesprächsbereitschaft signalisieren und den Patienten zum Fragen stellen und zur Artikulation von Wünschen animieren, indem man für implizit gestellte Fragen sensibel ist oder indem man abwägt, ob der Patient gerade überhaupt in der Verfassung ist, Entscheidungen zu treffen.[212]

In Anlehnung an Emanuel/Emanuel unterscheidet Zimmermann-Acklin vier Modelle der Arzt-Patient-Beziehung:

- Das Paternalistische Modell: Der Arzt weiß und entscheidet, was das Beste für den Patienten ist.

- Das Informative Modell: Arzt als technischer Experte, der dem Patienten fachliche Informationen anbietet, um eine Entscheidung zu treffen.

---

211 Vgl. Zimmermann-Acklin (2003), 64f.
212 Vgl. Bobbert (2002), 144f; 148.

- Das Interpretative Modell: Der Arzt fungiert als Berater und Begleiter. Er liefert Informationen, hilft bei der Klärung von Wertvorstellungen und schlägt Maßnahmen vor.
- Das Deliberative Modell: Der Arzt fungiert als Lehrer und Freund und bespricht sich mit dem Patienten über die besten Handlungsmöglichkeiten.

In Bezug auf den Umgang mit Sterbenden sieht er das Interpretative Modell als beste Lösung an, um Wünsche des Einzelnen sicher zu eruieren und eine Orientierung auch an einer positiven Freiheit zu gewährleisten.[213]

Ein Patient kennt diesem Modell zufolge nicht unbedingt seine eigenen Wünsche und Ziele oder sie stehen in Konflikt zueinander. Nach dem interpretativen Modell ist es Aufgabe des Arztes, diese Präferenzen zusammen mit dem Patienten herauszustellen. Das Modell stellt das hehre Ziel auf, eine Behandlungsentscheidung herbeiführen zu können, die auf einer ärztlichen Lebensberatung beruht. Bobbert benennt, dass es gleichwohl Grenzen dieser lebensberatenden Funktion für Mediziner und Pflegende gibt. Den Professionen obliege nicht die Aufgabe, eine evaluativ-existenzielle Beratung durchzuführen, sondern sie sollen durch ihr Verhalten und ihre Kommunikation die Artikulation von Wünschen für den Patienten erleichtern.[214]

Um ein Modell der interpretativen Arzt-Patient-Beziehung umzusetzen, bedarf es also zum einen eines großen Engagements des medizinischen und pflegerischen Personals. Zum anderen ergibt sich ein Handlungsbedarf im Hinblick auf die kommunikativen Kompetenzen der Akteure.[215]

Van Oorschot et al. stellen nämlich fest, dass patientenorientierte Gesprächsführung im Arzt-Patient-Verhältnis bislang defizitär realisiert wird und eine Unzufriedenheit der Patienten mit den Behandelnden das Resultat daraus sei. Gerade in der Aus- und Weiterbildung mangele es sowohl an praktischen Übungsfeldern, als auch an Theoriewissen zu gelingender Kommunikation. Gesprächssituationen, in denen sich Mediziner überfordert

---

213 Vgl. Zimmermann-Acklin (2003), 72-74.
214 Vgl. Bobbert (2002), 146-148.
215 Vgl. Zimmermann-Acklin (2003), 74f.

sehen, seien z.B. das Überbringen von schlechten Nachrichten, das Erzielen eines informierten Einverständnisses oder das Ansprechen von psychosozialen Problemen. Forschung unter genderspezifischen Aspekten habe gezeigt, dass sich Ärztinnen durch eine höhere Gesprächsqualität auszeichnen als Ärzte, da sie sich neben der medizinischen Behandlung auch für psychosoziale Belange der Patienten zuständig fühlen. Dennoch schätzen die Frauen ihre kommunikativen Kompetenzen im Gegensatz zu den meisten männlichen Kollegen als defizitär ein. Daraus könne geschlossen werden, dass bei Ärzten das Problembewusstsein für die Bedeutsamkeit von qualitativer Arzt-Patient-Kommunikation geschärft werden sollte, bei Ärztinnen positive Rückmeldung bezüglich der Kommunikation notwendig wäre.[216]

Speziell zur Entscheidungsfindung gibt es den Ansatz einer partizipativen Entscheidungsfindung, bei dem in einem interaktiven Prozess zwischen Arzt und Patient Informationen geteilt werden und beide gleichberechtigt beteiligt sind, um so eine gemeinsam verantwortete Übereinkunft (eine sog. Konkordanz) zu treffen.

Ein Modell zur partizipativen Entscheidungsfindung ist das Shared Decision-Making (SDM), welches sowohl in den USA als auch in Deutschland zunehmend an Bedeutung gewinnt.[217]

Das SDM ist ein Modell, bei dem „Arzt und Patient

- aktiv und verantwortlich am Entscheidungsprozess beteiligt sind,
- ihre Rolle im Entscheidungsprozess reflektieren,
- relevante Informationen wechselseitig bereitstellen,
- mit der Entscheidung einverstanden sind und
- deren Umsetzung unterstützen."[218]

---

216 Vgl. Oorschot et al (2007), 151f.
217 Vgl. Geisler (2004), 3f.
218 Woellert/Schmiedebach (2008), 74.

SDM verwendet hierbei moderne Informationstechniken zusätzlich zum persönlichen Gespräch und zu schriftlichen Informationen. Es ist ein Versuch, die tatsächliche Behandlungsentscheidung an die Präferenzen der Patienten und ihre individuellen Risikobewertungen anzunähern. So kann es zu einer qualitativen Entscheidungsfindung kommen mit möglicherweise auch ökonomisch positiven Konsequenzen. Dabei ist allerdings ein nicht unerheblicher Rollenwandel erforderlich. Deshalb befürchten Ärzte eine Einschränkung ihrer professionellen Autonomie und bei einigen Patienten zeigt sich, dass diese die Verantwortung für Entscheidungen teilweise gar nicht übernehmen wollen und sich lieber Experten anvertrauen.[219]

In Bezug auf die Begleitung von Sterbenden kann als Vorteil benannt werden, dass die Vorstellungen des Patienten in Bezug auf sein Lebensende schon frühzeitig thematisiert werden. So können sich alle Beteiligten ein umfassendes Bild von den Wünschen des Patienten machen und ein mutmaßlicher Wille lässt sich nach Verlust der Einwilligungsfähigkeit besser feststellen. Dadurch, dass die Patienten die Entscheidungen in einem partnerschaftlichen Prozess gemeinsam mit den Behandelnden finden, wird einer möglichen Überforderung des Patienten entgegengewirkt.[220]

Die Tendenzen zur Stärkung der Kommunikationsqualität im Gesundheitswesen sind längst überfällig und absolut notwendig. Ferner ist die Erkenntnis, dass Menschen gerade mit der Verantwortung für ihre Entscheidungen am Lebensende überfordert sein können, positiv zu werten. Wenn die vorgestellten theoretischen Ansätze eine Praxisrelevanz erreichen, kann so von medizinischer und pflegerischer Seite ein Beitrag geleistet werden, den Patienten ihre Ängste vor einer Sterbephase in unerträglicher Abhängigkeit sowie vor Überforderung durch die Eigenverantwortung von Entscheidungen genommen werden. Also könnte die Patientenautonomie in dem Maß hergestellt werden, wie es der Patient für sich selbst wünscht.

---

219 Vgl. Badura/Schellschmidt (1999), 158f.
220 Vgl. Woellert/Schmiedebach (2008), 74.

Palliative Care

Der Ausdruck „Palliative Care" leitet sich zum einen vom lat. *pallium* (= Mantel) bzw. *palliare* (= lindern) ab. Das engl. *to care* (= betreuen, sorgen, pflegen) widerspricht in gewisser Hinsicht dem engl. *to cure* (= heilen, kurieren), denn die Palliative Care hat keine kurativen Absichten. Aber auch, wenn eine Wiederherstellung der Gesundheit nicht mehr möglich ist, bedeutet das nicht den Abbruch einer Behandlung.[221]

Palliative Care meint medizinische und pflegerische Maßnahmen, die vordergründig die Symptome einer Erkrankung lindern, aber nicht die Ursachen therapieren. Indiziert ist sie bei Krankheiten mit infauster Prognose oder dann, wenn Patienten durch weitere Therapieversuche eher belastet werden, als das noch konkrete Heilungschancen bestehen. Das Ziel der Behandlung ist der Erhalt einer möglichst hohen Lebensqualität. Dabei sind nicht nur enorme medizinische und pflegerische Kompetenzen gefordert, sondern ebenso das Eingehen auf psychische und spirituelle Aspekte.[222]

Das Konzept der Palliativmedizin und -pflege ist nicht neu, sondern war schon den frühneuzeitlichen Ärzten bekannt, die sich der veränderten Behandlungsziele bewusst waren. Seit Ende des 16. Jh. sind die ersten Schriften zur „cura palliativa" entstanden und die Bedeutung hat stetig zugenommen. Im 18. und 19. Jh. bildete sich die medizinische Behandlung Sterbender unter den Begriffen „Euthanasia" oder „Euthanasia medica" zu einem eigenen medizinischen Feld heraus. Dabei wurden gleichfalls pflegerische Aspekte in der Versorgung betont.

1967 wurde das *St. Christopher's Hospice* als das erste Hospiz von Cicely Saunders in London eröffnet. Dies kann als die Geburtsstunde der modernen Palliativmedizin und -pflege angesehen werden. In Deutschland wurde 1983 die erste palliative Station an der Universitätsklinik Köln eingerichtet und sukzessive setzte sich die Idee von Hospizen und palliativer Betreuung durch. Seit 1993 gibt es in Deutschland Bestandsaufnahmen zu palliativen Strukturen. Sie zeigen, dass sich die Zahl der Einrichtungen von 1993 bis

---

221 Vgl. Illhardt (2003), 93f.
222 Vgl. Woellert/Schmiedebach (2008), 81.

2004 von 32 stationären Einrichtungen mit insgesamt 297 Betten auf 235 stationäre Einrichtungen mit insgesamt 2034 Betten steigerte. Im ambulanten Bereich waren es 1993 81 Dienste und 2003 betrug die Zahl 703.

Auf akademischer Ebene hat die Palliativmedizin ab 1999 mit der Errichtung eines Lehrstuhls in Aachen Einzug gehalten. Bis 2006 kamen vier weitere Lehrstühle hinzu und zudem vier palliativmedizinische Akademien. Zwei Drittel der medizinischen Fakultäten haben Palliativmedizin in ihrem Lehrangebot, aber noch ist sie kein Pflichtfach in der Ausbildung von Medizinern.[223]

Ein Verlangen nach Sterbehilfe tritt bei vielen Menschen in Situationen ungenügender Symptomkontrolle auf. Statt des eigentlichen Sterbewunsches besteht der verzweifelte Wunsch nach einer Verbesserung der Lebenssituation. Palliative Versorgung kann also einen Beitrag leisten, dass die Ängste vor einem leidvollen Sterben reduziert werden und so der Wunsch nach aktiver Lebensbeendigung seltener auftritt.[224]

Auch eine palliativmedizinische Schulung von Ärzten kann dazu beitragen, dass die Praxis der aktiven Sterbehilfe eher abgelehnt wird. Nach einer Umfrage des Ethikausschusses des Deutschen Ärztinnenbundes geben 90% der Ärztinnen, die palliativmedizinisch weitergebildet sind, an, die aktive Sterbehilfe abzulehnen. Aus der Gruppe der Ärztinnen, die geringere oder unzureichende Kenntnisse in Palliativmedizin aufweisen, lehnen nur 64% die aktive Lebensbeendigung ab.[225]

Aus diesen Gründen kann die Palliativmedizin als Königsweg bei der Lösung von ethischen Konflikten am Lebensende angesehen werden und als echte Alternative zu aktiver Sterbehilfe.[226] Man kann jedoch einwenden, dass sich eine palliative Versorgung und aktive Sterbehilfemaßnahmen nicht ausschließen müssen. Zunächst könnten Patienten palliativmedizinisch und -pflegerisch versorgt werden, um unter möglichst geringem Leiden von ihren

---

223 Vgl. a.a.O., 83-85.
224 Vgl. Müller-Busch (2007), 175.
225 Vgl. Woellert/Schmiedebach (2008), 86.
226 Vgl. a.a.O., 83.

Angehörigen Abschied zu nehmen und ihre letzte Zeit bewusst gestalten zu können. Dann könnten sie zu einem selbst bestimmten Zeitpunkt ihr Leben durch den behandelnden Arzt beenden lassen.

Dass Palliative Care von seinem Grundgedanken her nicht dazu geeignet ist, mit aktiver Sterbehilfe kombiniert zu werden, wird von Müller-Busch postuliert. Er betont, dass es ein wesentliches Anliegen der Palliativmedizin ist, die Ganzheitlichkeit herauszustellen, besonders dann, wenn kurative Methoden keine Erfolgswirkung mehr versprechen. Heilung heiße nicht nur körperliche Leiden zu bekämpfen, sondern bedeute ebenso, Erkenntnis und Identität zu fördern. Dabei könne gerade in der Aussichtslosigkeit noch die Möglichkeit zur eigenen Entwicklung liegen.

Palliativmedizin könne als ein umfassendes Konzept einerseits eine optimale Symptomkontrolle bewirken, aber andererseits eine Begegnung und Auseinandersetzung mit dem Tod als biologischer Notwendigkeit forcieren. Denn es ermögliche ein humanes Sterben und eine Abschiedsbegleitung, die dem Tod spirituelle und individuelle Bedeutung zugesteht. Zwar gebe es immer wieder dramatische und erschütternde Situationen in der Begleitung Sterbender, dennoch können diese nach Müller-Busch nie Grund zu einer aktiven Tötungshandlung sein. Um dem Prozess einer Sterbebegleitung als Entwicklungsoption und als einer der bedeutendsten Lebensphasen gerecht zu werden, könne Palliative Care nicht mit Sterbehilfe kombiniert werden, denn diese Ansichten schließen sich gegenseitig aus.[227]

Fazit

Die am Beginn dieser Arbeit dargestellte Situation der an Poliomyelitis erkrankten Patientin Sander lässt sich vor dem Hintergrund der erläuterten Positionen und Argumente kontrovers diskutieren.

Das Interview zeigt, dass Frau Sander viele Ängste in Bezug auf ihre weitere Zukunft hat. Sie hat Angst vor unerträglichen Schmerzen, Angst, ausgeliefert und würdelos zu sein und Angst, gegen den eigenen Willen unnötig lange am Leben erhalten zu werden. Diese Ängste liegen nach Ulrich Körtner bei vielen

---

227 Vgl. Müller-Busch (2007), 189-191.

Menschen in der Gesellschaft vor und werden meist verdrängt.[228] Die Patientin stört sich sehr daran, immer weniger Kraft zu haben. Sie bemisst ihre eigene Würde an dem Maß an Autonomie, das sie ausüben kann, und geht nicht von einer kategorialen Menschenwürde aus. Trotzdem kann man der Frau in ihrer Situation nicht ihre Ansichten absprechen, weil in ihrer Argumentation ein naturalistischer Fehlschluss liegt. Es stellt sich aber die Frage, warum so viele Menschen einen solchen naturalistischen Fehlschluss begehen und die Vorstellung des Angewiesenseins auf die Hilfe anderer für viele mit so großen Ängsten verbunden ist. Eibach schreibt hierzu, dass die Erfahrung zeige, dass es vielen Sterbenskranken nicht mehr allein auf die Durchsetzung ihres Willens ankomme, sondern, dass es den meisten Menschen wichtiger sei, Geborgenheit und Vertrauen zu erfahren.[229] Es gilt also, diese Erfahrungswerte für die Gesellschaft transparent zu machen, um Ängste zu reduzieren.

Des Weiteren legt Frau Sander Wert darauf, ihr Lebensende bewusst zu gestalten. Axel Bauer betont, dass der Wunsch nach einer selbstbestimmten und bewussten Gestaltung des Sterbens eine Idealvorstellung sei, die zwar gegenwärtig in vielen Bereichen eingefordert würde, aber sicherlich nur für die wenigsten erreichbar sein werde. Unser persönlicher Entscheidungsspielraum am Lebensende werde, trotz rechtlicher Vorsorgeinstrumente, begrenzt sein. Durch die derzeitigen Vorstellungen würde leider ein großer Druck auf die Bürger ausgeübt, ihr Lebensende möglichst abgesichert und ohne enorme Belastungen für andere zu planen. Wünschenswerter sei jedoch ein gewisser Mut, sich auf eine unplanbare terminale Lebensphase einzustellen.[230]

Allerdings spricht Frau Sander davon, dass sie bis zum Todeszeitpunkt noch jede gute Stunde genießen will. Das Zugeständnis, in ihrem Leiden gebe es noch Augenblicke der Freude, zeigt, dass sie ihr Leben derzeit noch als lebenswert einstuft. Es ist fraglich, wie sie entscheiden will, zu welchem Zeitpunkt dies nicht mehr der Fall sein wird. Anhand welcher Kriterien kann

---

228 Vgl. Körtner (2002), 18.
229 Vgl. Eibach (2006), 253.
230 Vgl. Bauer (2009), 181.

man messen, wann das Leid gegenüber den lohnenswerten Momenten überwiegt?

Neben diesen guten Momenten, deretwegen sie zurzeit noch leben will, fehlen ihr die finanziellen Mittel, um eine legale Lebensbeendigung durchzuführen. Sie will nicht, dass sich Ärzte oder Angehörige für sie strafbar machen und eine FTB in der Schweiz wäre für sie zu kostspielig. Wie oben aufgezeigt, kann es auch fatal sein, wenn eine Suizidbeihilfe schon bald nach der ersten Kontaktaufnahme zu einer Sterbehilfeorganisation erfolgt. Der Wunsch zu sterben ist in vielen Fällen nur vorübergehend und je leichter der Zugang zum Suizid ist, umso eher wird er tatsächlich umgesetzt. Aus Sicht von Frau Sander jedoch ist es eher fatal, dass sie keinen Zugang zu Sterbenachhilfe hat, ihr Wunsch danach scheint ernstlich und lang anhaltend zu sein.

Immer wieder wird von Vertretern der Palliativmedizin und Gegnern der Sterbehilfe betont, dass bei einer angemessenen palliativen Versorgung, die aus einer austarierten Schmerztherapie sowie dem persönlichen Beistand bestehen sollte, der Wunsch nach lebensbeendenden Maßnahmen zurückgezogen wird oder gar nicht erst aufkommt.[231]

Frau Sander erhält offensichtlich keine hinlängliche Schmerztherapie und evtl. ist dies aufgrund der plötzlich auftretenden Schmerzanfälle auch kaum möglich. Nicht alle haben Zugang zu einer optimalen Versorgung und selbst wenn man sehr gut betreut wird, kann ein Wunsch nach Sterbehilfe bestehen bleiben.

Obwohl man diesen ernstlichen Wunsch verstehen kann, bleibt auf ethischer Ebene festzuhalten, dass es z.B. im Fall von Frau Sander letztlich keine autonome Entscheidung ist, das Leben aktiv beenden zu wollen. Die starken Schmerzen und die Angst vor einer Abhängigkeit von anderen sind als Fremdbestimmungen zu werten. Andererseits hat die Auseinandersetzung in weiter oben gezeigt, dass man einen freien Willen auch bei einem Verlangen auf Tötung letztlich nicht ausschließen kann. Dieser Wunsch kann frei sein, kann sich dem kategorischen Imperativ und der damit verbundenen Verpflichtung gegenüber dem Leben widersetzen. Dem ist wiederum

---

231 Vgl. z.B. Müller-Busch (2007), 175f; Holderegger (1995), 292; Jochemsen (2004), 249.

entgegenzuhalten, dass der Wunsch nach Sterbehilfe immer der Menschenwürde widerspricht, sowohl auf Seite des Sterbenskranken als auch auf Seite des Arztes bzw. des „Helfers". Eine aktive Tötungsmaßnahme zeugt von Grundhaltungen, die nicht mit der Menschenwürde vereinbar sind, es kommt zu einer Selbstentwertung und -instrumentalisierung.

Indem der Mensch – fremdbestimmt durch sein Leiden – sein Leben beenden möchte, wird er zum Objekt anderer Zwecke und ist nicht mehr Zweck an sich selbst. Die Beihilfe zum Suizid und die Tötung auf Verlangen sind aus ethischer Sicht also grundsätzlich abzulehnen.

Neben diesen Argumenten bestärken die sog. Dammbruchargumente die Forderung, aktive Sterbehilfe und Beihilfe zum Suizid nicht zu legalisieren. Die Beispiele aus den Niederlanden und von der Organisation EXIT bestätigen die Eigendynamik, die eine einmal legalisierte Sterbehilfepraxis entwickelt. Zunehmend werden neben akut lebensbedrohlichen Krankheiten auch progredient verlaufende Krankheiten oder schließlich auch Lebensmüdigkeit als Begründungen für eine Lebensbeendigung gelten gelassen.[232] Wenn man eine Lebensbeendigung beispielsweise aufgrund von schweren Krebserkrankungen eingesteht, ist es gleichsam logisch, sie auch aufgrund von psychischem Leidensdruck zuzulassen, denn man kann Leiden nicht bewerten. Wenn man Selbstbestimmung so definiert, dass es auf die Bewertung des Einzelnen ankommt, wäre es inkonsequent, das Recht auf Selbsttötung an einem Katalog von bestimmten Erkrankungen festzumachen.[233] Ein weiteres Dammbruchargument, das schwer wiegt, ist der Verweis auf diejenigen, die sich für sich keine aktive Sterbehilfe oder Selbsttötung vorstellen können. Durch die Legalisierung von Sterbehilfemaßnahmen würde ein großer Druck auf ältere und pflegebedürftige Menschen entstehen, denn sie bedeuten für die jüngere Generation einen Kosten- und Arbeitsaufwand, so dass sich manche Menschen gegen ihren eigentlichen Willen zu Sterbehilfe gedrängt fühlen könnten.

---

232 Vgl. Jochemsen (2004), 249.
233 Vgl. Holderegger (1995), 293.

Die Argumente gegen aktive Sterbehilfe und die Beihilfe zum Suizid sind auf der ethischen und theoretischen Ebene eingängig, dennoch bleibt ein Unbehagen den Menschen gegenüber, die für sich keine andere Option sehen, wie z.B. Frau Sander. Die ethischen Aspekte, die ganz klar gegen Sterbehilfe sprechen, sind auf einer abstrakten Ebene, die für den Einzelnen nur schwer verständlich sind. Des Weiteren verlangen sie ein großes Opfer vom Einzelnen und wie bereits dargelegt kann niemand zum Weiterleben gezwungen werden. Auch Körtner betont, dass man niemanden verurteilen darf, der sein Leben als sinnlos ansieht und nicht mehr die Kraft aufbringt, sein Leben weiterzuleben.[234] Da man dieses Handeln nicht verurteilt und in gewisser Weise aus praktischer Hinsicht verstehen kann, aus theoretischer Sicht eine aktive Sterbehilfe oder eine Selbsttötung gleichzeitig jedoch nicht bejahen kann, ergibt sich ein Dilemma.

Da man diesen Konflikt nicht auflösen kann, ist es das einzig Hilfreiche, ihm vorzubeugen und dafür Sorge zu tragen, dass der Wunsch nach Sterbenachhilfe erst gar nicht aufkommt. In den letzten beiden Kapiteln konnte aufgezeigt werden, dass es Wege „prophylaktischer" Ethik geben kann. Zum einen liegt eine Vorsorge darin, die Patientenautonomie zu schützen und gleichzeitig ihre Grenzen anzuerkennen. Indem partnerschaftliche Verhältnisse zwischen Patienten und Behandelnden sowie partizipative Entscheidungsfindungen gefördert werden, kann Überforderung wie auch Bevormundung vermieden bzw. eingeschränkt werden.

Zum anderen ist die Kirche von ihrem Selbstverständnis her dazu aufgefordert, sich für das Leben einzusetzen und das Gesellschaftsbild dahingehend zu prägen. „Es bleibt [...] die Aufgabe der Kirchen, für eine Kultur der Solidarität mit den Sterbenden einzutreten und die hinter der gegenwärtigen Euthanasiediskussion erkennbare Tendenz zur Individualisierung des Leidens und der Entsolidarisierung zu kritisieren."[235]

Die Kirchen sollen auch weiterhin in Diskussionen um die Legalisierung von Sterbehilfe vehement gegen Euthanasie und Suizidbeihilfe auftreten, aber auch schon im Vorfeld solcher Debatten gegen den Trend der Isolation von

---

234 Vgl. Körtner (2002), 20.
235 A.a.O., 17.

Leidenden arbeiten. Es gilt, einen integrierenden Umgang mit Leiderfahrungen zu fördern und das ist eine Aufgabe, die gerade von den Kirchen, die existenzielle Erfahrungen thematisieren, übernommen werden muss.

„Mit dem nicht mehr aus der Welt zu schaffenden medizinischen Fortschritt ist dem Menschen an den Grenzen des Lebens eine Verantwortung zugewachsen, aus der er sich nicht durch willkürliche Selbstbegrenzung davonstehlen kann"[236], d.h. dass es gerade im christlichen Sinn unsere Aufgabe ist, nach einem verantwortlichen Umgang mit diesen neuen Möglichkeiten zu suchen.

Die Legalisierung von aktiver Sterbehilfe und Suizidbeihilfe wäre eine Flucht vor dieser Verantwortung. Das Argument, diese Sterbehilfemaßnahmen würden in der Praxis schon stattfinden und deshalb müsse man sie aus der rechtlichen Grauzone herausholen und legalisieren, stellt eine Normativität des Faktischen dar. Als zur Vernunft fähige Wesen haben wir die Verantwortung, faktische Gegebenheiten stets neu zu hinterfragen und sie nicht einzig aufgrund ihrer Anwesenheit zu akzeptieren.

Es kann Extremfälle geben, in denen die allgemeinen Regeln übertreten werden. Diese Fälle fallen in den Bereich der persönlichen Entscheidung und dürfen als solche nicht zur Norm werden. Sie werden mit dem Begriff der Epikie, der Einzelfallgerechtigkeit, bezeichnet.[237] Als solcher Einzelfall verstanden birgt eine Tötung auf Verlangen oder ein assistierter Suizid in einer Gesellschaft, der es prinzipiell gelingt, Sterben und Leiden als Bestandteile des Lebens anzuerkennen, ebenfalls weniger die Gefahr von Dammbrüchen.

Der von Körtner zitierten Leitsatz „‚Tötung aus Mitleid' ist immer verdächtig, Tötung aus verweigertem Mit-Leiden zu sein"[238] bezeichnet die in dieser Arbeit dargelegten Aspekte einer Ethik am Lebensende und sollte deshalb

---

236 A.a.O., 22.
237 Vgl. Kirchenamt der EKD (2008), 31.
238 Körtner (2002), 20.

m.E. in Bezug auf die Bewertung von Beihilfe zum Suizid und aktiver Sterbehilfe verinnerlicht werden.

Literaturverzeichnis

Allgemeine Erklärung der Menschenrechte (AEM), Resolution 217 A (III) der Generalversammlung vom 10.12.1948.

Anselm, Reiner, Menschenwürdig sterben. Die Diskussion um die Sterbehilfe aus der Sicht der evangelischen Kirche und der evangelischen Ethik, in: Kettler, Dietrich et al (Hg.), Selbstbestimmung am Lebensende, Ringvorlesung im Wintersemester 2005/06, Göttingen 2006, 136-149.

Anzenbacher, Arno, Was ist Ethik? Eine fundamentalethische Skizze, Düsseldorf 1987.

Ders., Einführung in die Ethik, Düsseldorf 1992.

Badura, Bernhard/Schellschmidt, Henner, Bürgerorientierung im Gesundheitswesen, Herausforderung und Chance für das Arzt-Patient-Verhältnis, in: Feuerstein, Günter/Kuhlmann, Ellen (Hg.), Neopaternalistische Medizin, Der Mythos der Selbstbestimmung im Arzt-Patient-Verhältnis, Bern et al 1999, 153-162.

Bauer, Axel W., Grenzen der Selbstbestimmung am Lebensende: Die Patientenverfügung als Patentlösung? in: Zeitschrift für medizinische Ethik 55 (2009) Heft 2, 169-182.

Baumann-Hölzle, Ruth, Autonomie als Verantwortung, in: Mettner, Matthias/ Schmitt-Mannhart, Regula (Hg.), Wie ich sterben will, Autonomie, Abhängigkeit und Selbstverantwortung am Lebensende, Zürich 2003, 229-245.

Beckmann, Rainer/Löhr, Mechthild/Schätzle, Julia (Hg.), Sterben in Würde, Beiträge zur Debatte um Sterbehilfe, Krefeld 2004.

Beckmann, Rainer, Gibt es ein „Recht auf selbstbestimmtes Sterben?" In: Ders. et al (Hg.): Sterben in Würde, Beiträge zur Debatte um Sterbehilfe, Krefeld 2004, 205-231.

Benzenhöfer, Udo, Der Gute Tod? Euthanasie und Sterbehilfe in Geschichte und Gegenwart, München 1999.

Bierich, Jürgen R. (Hg.), Arzt und Kranker, Ethische und humanitäre Fragen in der Medizin, Tübingen 1992.

Bobbert, Monika, Patientenautonomie und Pflege, Begründung und Anwendung eines moralischen Rechts, Frankfurt a.M. 2002.

DBK (Hg.), Katholischer Erwachsenen-Katechismus, Leben aus dem Glauben, Bd. 2, Freiburg et al 1995.

Demmer, Klaus, Handeln als Einüben des Sterbens, Ein Kapitel theologischer Anthropologie, in: Holderegger, Adrian (Hg.), Das medizinisch assistierte Sterben, Zur Sterbehilfe aus medizinischer, ethischer, juristischer und theologischer Sicht, 2. erw. Auflage, Freiburg/Schweiz 2000,172-188.

Doucet, Hubert, Der Beitrag der Theologie zur Euthanasiedebatte, in: Holderegger, Adrian et al (Hg.), Theologie und biomedizinische Ethik, Grundlagen und Konkretionen, Freiburg/Schweiz 2002, 316-325.

Düwell, Marcus/Steigleder, Klaus (Hg.), Bioethik, Eine Einführung, Frankfurt a.M. 2003.

Duttge, Gunnar, Rechtliche Typenbildung: Aktive und passive, direkte und indirekte Sterbehilfe, in: Kettler, Dietrich et al (Hg.), Selbstbestimmung am Lebensende, Ringvorlesung in Wintersemester 2005/06, Göttingen 2006, 36-68.

Eibach, Ulrich, Thesen zur Diskussion um die sogenannte [!] „Euthanasie", in: Eser, Albin (Hg.), Suizid und Euthanasie als human- und sozialwissenschaftliches Problem, Stuttgart 1976, 245-249.

Eibach, Ulrich, Aktive Sterbehilfe – Recht auf Selbsttötung? Eine Stellungnahme aus christlicher Sicht und aus Sicht der Krankenhausseelsorge, in: Zeitschrift für medizinische Ethik 52 (2006) Heft 3, 249-267.

Eser, Albin (Hg.), Suizid und Euthanasie als human- und sozialwissenschaftliches Problem, Stuttgart 1976.

EXIT – Deutsche Schweiz, Selbstbestimmung im Leben und im Sterben, Zürich/ Schweiz[4] 2007.

Feuerstein, Günter/Kuhlmann, Ellen, Neopaternalismus und Patientenautonomie. Das Verschwinden der ärztlichen Verantwortung? In: Dies. (Hg.), Neopaternalistische Medizin, Der Mythos der Selbstbestimmung im Arzt-Patient-Verhältnis, Bern et al 1999, 9-15.

Dies. (Hg.), Neopaternalistische Medizin, Der Mythos der Selbstbestimmung im Arzt-Patient-Verhältnis, Bern et al 1999.

Fonk, Peter, Christlich Handeln im ethischen Konflikt, Brennpunkte heutiger Diskussionen, Regensburg 2000.

Giese, Constanze/Koch, Christian/Siewert, Dietmar (Hg.), Pflege und Sterbehilfe, Zur Problematik eines (un-)erwünschten Diskurses, Frankfurt a.M. 2006.

Göring-Eckhardt, Katrin (Hg.), Würdig leben bis zuletzt, Sterbehilfe – Hilfe beim Sterben – Sterbebegleitung – Eine Streitschrift, Gütersloh 2007.

Greis, Andreas, Freiheit. Die Grundlage konkreter Sittlichkeit, in: Hunold, Gerfried W. (Hg.), Theologische Ethik: ein Werkbuch, Tübingen 2000, 130-143.

Grundgesetz für die Bundesrepublik Deutschland (GG) vom 23.05.1949, letzte Änderung: Bundesgesetzblatt Jahrgang 2009 Teil I Nr. 43, ausgegeben zu Bonn am 22.07.2009.

Gula, Richard M., Zur Euthanasie-Diskussion in den USA, Zweiter Teil, in: Holderegger, Adrian (Hg.), Das medizinisch assistierte Sterben, Zur Sterbehilfe aus medizinischer, ethischer, juristischer und theologischer Sicht, 2. erw. Auflage, Freiburg/Schweiz 2000, 136-154.

Hegselmann, Rainer, Moralische Aufklärung, moralische Integrität und die schiefe Bahn, in: Ders./Merkel, Reinhard (Hg.), Zur Debatte über Euthanasie, Beiträge und Stellungnahmen, Frankfurt a.M. 1991, 197-226.

Hegselmann, Rainer/Merkel, Reinhard (Hg.), Zur Debatte über Euthanasie, Beiträge und Stellungnahmen, Frankfurt a.M. 1991.

Heidemann, Else, Umgang mit Sterbenden. Sterbehilfe, Sterbebegleitung, in: Bierich, Jürgen R. (Hg.), Arzt und Kranker, Ethische und humanitäre Fragen in der Medizin, Tübingen 1992, 225-234.

Höffe, Otfried, Medizin ohne Ethik? Frankfurt a.M. 2002.

Hoerster, Norbert, Sterbehilfe im säkularen Staat, Frankfurt a.M. 1998.

Holderegger, Adrian, Grundlagen der Moral und der Anspruch des Lebens, Themen der Lebensethik, Freiburg/Schweiz 1995.

Ders. (Hg.), Das medizinisch assistierte Sterben, Zur Sterbehilfe aus medizinischer, ethischer, juristischer und theologischer Sicht, 2. erw. Auflage, Freiburg/Schweiz 2000.

Ders./Müller, Denis/Sitter-Liver, Beat/Zimmermann-Acklin, Markus (Hg.), Theologie und biomedizinische Ethik, Grundlagen und Konkretionen, Freiburg/Schweiz 2002.

Hunold, Gerfried W. (Hg.), Theologische Ethik: ein Werkbuch, Tübingen 2000.

Illhardt, Franz Josef, „Des Menschen Wille ist sein Himmelreich", Selbstverwirklichung und Selbstbestimmung: Herausforderung des Sterbenden? In: Mettner, Matthias/Schmitt-Mannhart, Regula (Hg.), Wie ich sterben will, Autonomie, Abhängigkeit und Selbstverantwortung am Lebensende, Zürich 2003, 86-99.

Jochemsen, Henk, Sterbehilfe in den Niederlanden, in: Beckmann, Rainer et al (Hg.), Sterben in Würde, Beiträge zur Debatte um Sterbehilfe, Krefeld 2004, 235-249.

Jochemsen, Henk, Sterbehilfe und Palliativpflege in den Niederlanden, in: Göring-Eckhardt, Katrin (Hg.), Würdig leben bis zuletzt, Sterbehilfe – Hilfe beim Sterben – Sterbebegleitung – Eine Streitschrift, Gütersloh 2007, 87-98.

Kant, Immanuel, Grundlegung zur Metaphysik der Sitten (GMS), in: Weischedel, Wilhelm (Hg.): Kritik der praktischen Vernunft, Grundlegung zur Metaphysik der Sitten, Frankfurt a.M. 1974.

Kant, Immanuel, Kritik der praktischen Vernunft (KpV), in: Weischedel, Wilhelm (Hg.): Kritik der praktischen Vernunft, Grundlegung zur Metaphysik der Sitten, Frankfurt a.M. 1974.

Kettler, Dietrich/Simon, Alfred/Anselm, Reiner/Lipp, Volker/Duttge, Gunnar (Hg.), Selbstbestimmung am Lebensende, Ringvorlesung im Wintersemester 2005/06, Göttingen 2006.

Kirchenamt der EKD/Sekretariat der DBK (Hg.), Gott ist ein Freund des Lebens, Herausforderungen und Aufgaben beim Schutz des Lebens, Gemeinsame Erklärung des Rates der EKD und der DBK, Trier 1989 – Sonderausgabe 2000.

Kirchenamt der EKD (Hg.), EKD-Texte 97, Wenn Menschen sterben wollen, Eine Orientierungshilfe zum Problem der ärztlichen Beihilfe zur Selbsttötung, Ein Beitrag des Rates der Evangelischen Kirche in Deutschland, Hannover 2008.

Knauer, Peter, Unseren Glauben verstehen, Würzburg 1986.

Koch, Christian, Zur Situation in den Niederlanden, in: Giese, Constanze et al (Hg.), Pflege und Sterbehilfe, Zur Problematik eines (un-)erwünschten Diskurses, Frankfurt a.M. 2006, 80-118.

Körtner, Ulrich H.J., Therapieverzicht am Lebensende? Ethische Fragen des medizinisch assistierten Sterbens, in: Zeitschrift für medizinische Ethik 48 (2002), Heft 1, 15-28.

Korff, Wilhelm/Beck, Lutwin/Mikat, Paul (Hg.), Lexikon der Bioethik, Bd. 1-3, Gütersloh 1998.

Mettner, Matthias/Schmitt-Mannhart, Regula (Hg.), Wie ich sterben will, Autonomie, Abhängigkeit und Selbstverantwortung am Lebensende, Zürich 2003.

Mieth, Dietmar, Was wollen wir können? Freiburg i.Br. 2002.

Müller-Busch, Christof, Gelingende Praxis – Palliativmedizin als Alternative zur Euthanasie, in: Göring-Eckhardt, Katrin (Hg.), Würdig leben bis zuletzt, Sterbehilfe – Hilfe beim Sterben – Sterbebegleitung – Eine Streitschrift, Gütersloh 2007, 171-194.

Pichlmaier, Heinz, Hospiz/Hospizbewegung, 1. Zum Problemstand, in: Korff, Wilhelm et al (Hg.), Lexikon der Bioethik, Bd. 2, Gütersloh 1998, 233-235.

Pieper, Annemarie, Autonomie, in: Korff, Wilhelm et al (Hg.), Lexikon der Bioethik, Bd. 1, Gütersloh 1998, 289-293.

Römelt, Josef, Autonomie und Sterben, Reicht eine Ethik der Selbstbestimmung zur Humanisierung des Todes? in: Zeitschrift für medizinische Ethik 48 (2002), Heft 1, 3-14.

Rüegger, Heinz, In Würde Sterben können, Zur Problematik des gängigen Würdeverständnisses, in: Mettner, Matthias/Schmitt-Mannhart, Regula (Hg.), Wie ich sterben will, Autonomie, Abhängigkeit und Selbstverantwortung am Lebensende, Zürich 2003, 77-82.

Schächter, Reinhard, Die Euthanasiedebatte in der Schweiz, in: Beckmann, Rainer et al (Hg.), Sterben in Würde, Beiträge zur Debatte um Sterbehilfe, Krefeld 2004, 259-272.

Schara, Joachim/Beck, Lutwin, Sterbehilfe, 1. Zum Problemstand, in: Korff, Wilhelm et al (Hg.), Lexikon der Bioethik, Bd. 3, Gütersloh 1998, 445-448.

Schell, Werner, Sterbebegleitung und Sterbehilfe, Gesetze, Rechtsprechung, Deklarationen, Richtlinien, Stellungnahmen, 3. aktualisierte und erweiterte Auflage, Hannover 2002.

Scherer, Georg, Sterben/Sterblichkeit, 2. Philosophisch-phänomenologisch, in: Korff, Wilhelm et al (Hg.), Lexikon der Bioethik, Bd. 3, Gütersloh 1998, 456-458.

Schockenhoff, Eberhard, Ethik des Lebens, Ein theologischer Grundriß [!], Mainz 1993.

Siegrist, Johannes, Arzt-Patient-Beziehung, 3. Ethisch, in: Korff, Wilhelm et al (Hg.), Lexikon der Bioethik, Bd. 1, Gütersloh 1998, 245-248.

Siep, Ludwig/Quante, Michael, Ist die aktive Herbeiführung des Todes im Bereich des medizinischen Handelns philosophisch zu rechtfertigen? In: Holderegger, Adrian (Hg.), Das medizinisch assistierte Sterben, Zur Sterbehilfe aus medizinischer, ethischer, juristischer und theologischer Sicht, 2. erw. Auflage, Freiburg/Schweiz 2000, 39-56.

Spaemann, Robert, Es gibt kein gutes Töten, in: Beckmann, Rainer et al (Hg.), Sterben in Würde, Beiträge zur Debatte um Sterbehilfe, Krefeld 2004, 103-117.

Strafgesetzbuch (StGB) vom 13.11.1998, letzte Änderung: Bundesgesetzblatt Jahrgang 2009 Teil I Nr. 38, ausgegeben zu Bonn am 03.07.2009.

van Oorschot, Birgitt/Leppert, Karena/Schweitzer, Susanne, Kommunikationstraining für Ärzte, in: van Oorschot, Birgitt/Anselm, Reiner (Hgg.), Mitgestalten am Lebensende, Handeln und Behandeln Sterbenskranker, Göttingen 2007, 151-163.

Dies. (Hg.), Mitgestalten am Lebensende, Handeln und Behandeln Sterbenskranker, Göttingen 2007.

von Lutterotti, Markus, Sterben/Sterblichkeit, 1. Zum Problemstand, in: Korff, Wilhelm et al (Hg.), Lexikon der Bioethik, Bd. 3, Gütersloh 1998, 454-456.

Wiesing, Urban, Ist ärztliche Sterbehilfe „unärztlich"? In: Holderegger, Adrian (Hg.), Das medizinisch assistierte Sterben, Zur Sterbehilfe aus medizinischer, ethischer, juristischer und theologischer Sicht, 2. erw. Auflage, Freiburg/Schweiz 2000, 229-241.

Woellert, Katharina/Schmiedebach, Heinz-Peter, Sterbehilfe, München 2008.

Wolbert, Werner, Du sollst nicht töten, Systematische Überlegungen zum Tötungsverbot, Freiburg/Schweiz 2000.

Zimmermann-Acklin, Markus, Das niederländische Modell – ein richtungsweisendes Konzept? In: Holderegger, Adrian (Hg.), Das medizinisch assistierte Sterben, Zur Sterbehilfe aus medizinischer, ethischer, juristischer und theologischer Sicht, 2. erw. Auflage, Freiburg/Schweiz 2000, 345-364.

Zimmermann-Acklin, Markus, Selbstbestimmung in Grenzsituationen? Vom Protest gegen den ärztlichen Paternalismus zur Wiederentdeckung von Beziehungsgeschichten, in: Mettner, Matthias/Schmitt-Mannhart, Regula (Hg.), Wie ich sterben will, Autonomie, Abhängigkeit und Selbstverantwortung am Lebensende, Zürich 2003, 63-76.

Online-Quellen:

Blöchlinger, Brigitte, Fakten zur Suizidbeihilfe in der Deutschschweiz. http://www.uzh.ch/news/articles/2008/3228.html. [Stand: 19.08.2009].

Bosshard, Georg, Sterbehilfe zunehmend nicht nur für tödlich Kranke. http://idw-online.de/pages/de/news?print=1&id=286710. [Stand: 19.08.2009].

Bundesärztekammer, Grundsätze der Bundesärztekammer zur ärztlichen Sterbebegleitung, in: Deutsches Ärzteblatt (2004), Heft 19. http://www.bundesaerztekammer.de/downloads/Sterbebegl2004.pdf. [Stand: 18.06.2009].

Drieschner, Frank, Radikale Freiheit, in: Die Zeit (2009), Nr. 27. http://www.zeit.de/2009/27/Patientenverfuegung. [Stand: 24.07.2009].

EXIT – Deutsche Schweiz. http://www.exit.ch/wDeutschold/. [Stand: 29.07.2009].

Fantacci, Giovanni, Euthanasie-Entwicklung in der Schweiz, in: Imago Hominis 11 (2004), Heft 2. http://www.imabe.org/index.php?id=673. [Stand: 20.08.2009].

Frewer, Andreas, Sterbehilfe und „terminale Sedierung", Medizinethische Grenzsituationen am Lebensende, in: Hessisches Ärzteblatt (2005) Heft 12, 812-815. http://www.laekh.de/upload/Hess._Aerzteblatt/2005/2005_12/2005_12_04.pdf. [Stand: 19.06.2009].

Geisler, Linus S., Bedarfsgerechtigkeit im Gesundheitssystem?"Konkordanter Bedarf" als unverzichtbare Voraussetzung, Die Rolle des Arzt-Patient-Dialogs, 2004. http://www.linus-geisler.de/vortraege/dd/0409bedarfsgerechtigkeit.pdf. [Stand: 25.08.2009].

Kongregation für die Glaubenslehre, Erklärung zur Euthanasie, Rom/Italien 1980. http://www.vatican.va/roman_curia/congregations/cfaith/documents/rc_con_cfaith_doc_19800505_euthanasia_ge.html. [Stand: 21.08.2009].

Leicht, Robert, Das letzte Tabu, in: Die Zeit (2005) Nr. 44. http://www.zeit.de/2005/44/EssaySterbehilfeContra. [Stand: 24.07.2009].

Nationaler Ethikrat, Selbstbestimmung und Fürsorge am Lebensende, Stellungnahme, Berlin 2006. http://www.ethikrat.org/stellungnahmen/pdf/Stellungnahme_Selbstbestimmung_und_Fuersorge_am_Lebensende.pdf. [Stand: 23.07.2009].

Wensierski, Peter, "Meinen Todestag möchte ich selbst bestimmen", in: Spiegel Online (2008). http://www.spiegel.de/panorama/gesellschaft/0,1518,564648,00.html. [Stand: 28.08.2009].

Abkürzungsverzeichnis

a.a.O. am angegebenen Ort

Abs. Absatz

AEM Allgemeine Erklärung der Menschenrechte

Anm. Anmerkung

Art. Artikel

Bd. Band

bzw. beziehungsweise

ca. zirka

CHF Schweizer Franken

DBK Deutsche Bischofskonferenz

d.h. das heißt

Ders. Derselbe

Dies. Dieselbe(n)

ebd. ebenda

EKD Evangelische Kirche in Deutschland

et al und andere

etc. et cetera

f folgende Seite

FTB Freitodbegleitung

GG Grundgesetz für die Bundesrepublik Deutschland

GMS Grundlegung zur Metaphysik der Sitten

Hg. Herausgeber

KpV Kritik der praktischen Vernunft

m.E.	meines Erachtens
resp.	respektive
s.	siehe
SDM	Shared Decision-Making
sog.	so genannte(s)(r)
StGB	Strafgesetzbuch
usw.	und so weiter
u.U.	unter Umständen
v.a.	vor allem
vgl.	vergleiche
z.B.	zum Beispiel

Helmut Kaiser (2001): „Sterbehilfe" in
Langzeitpflegeinstitutionen. Überlegungen zur Beihilfe
zum Suizid aus theologisch-ethischer Perspektive

Das Vorgehen

(1) Die allgemeine Aufgabenstellung ist klar. Es geht um grundsätzliche Überlegungen aus theologisch-ethischer Perspektive[239] mit Bezug auf die Sterbehilfe in Langzeitpflegeinstitutionen. Wenn ich immer wieder den Begriff des „Altersheimes" brauche, dann bin ich mir dessen Konnotationen bewusst, doch meine ich zugleich, dass der Begriff der „Langzeitpflegeinstitutionen" überaus euphemisch ist.

Sterbehilfe ist ein umfassender Begriff, so dass ich mich auf Sterbehilfe als Beihilfe zum Suizid beschränken werde. Dies werde ich im ersten Teil erklären.

Die aktuelle Diskussion über die Zulassung von Sterbehilfeorganisationen in Altersheimen im Kanton Zürich zeigt, dass die Stellungnahmen zu diesem Problemfeld äußerst kontrovers sind, weil grundlegende ethische Werte zur Disposition stehen.

(2) Die Aufgabe der Ethik besteht *erstens* darin, Hilfestellungen bereitzustellen, um die in dieser Diskussion wichtig gewordenen Differenzen festhalten und ordnen zu können. Hilfreich erwiesen hat sich dabei die Theorie der ethischen Urteilsfindung, die in den verschiedensten Bereichen (Ökonomie, Soziologie, Psychologie, Recht) auf je spezielle Art ausformuliert und angewendet wird. Diese enthält die folgenden Schritte:[240]

- Problemfeststellung und Situationsanalyse.

- Beschreibung möglicher bzw. vorhandener Argumentationsmodelle/ Verhaltensalternativen.

---

239 Siehe zur speziell juristischen und rechtsvergleichenden Perspektive die Abhandlung von Hans Giger, em. Prof. für das Schweizerische Zivilgesetzbuch und Obligationenrecht, Rechtsanwalt: Reflexionen über Tod und Recht. Sterbehilfe im Fokus von Wissenschaft und Praxis, Zürich 2000.
240 Heinz Eduard Tödt, Versuch zu einer Theorie der ethischen Urteilsfindung, in: ZEE 21 (1977), S. 81-93; Arthur Rich, Wirtschaftsethik. Grundlagen in theologischer Perspektive, Gütersloh 1984, S. 224ff. Eine kritische Würdigung der Theorie von H. E. Tödt in: ZEE 22 (1978), S. 181-213.

- Urteilsentscheid, bei dem die Problemfeststellung/Situationsanalyse, Argumentationsmodelle/Verhaltensalternativen und Kriterien/Werte/Normen in einen komplexen Zusammenhang gebracht werden.
- Evaluation des Entscheids. Jeder Entscheid ist offen und kann aufgrund neuer Fakten und besonderer Bewertungen revidiert werden.

Wird bei dieser schwierigen, vielschichtigen, höchst kontroversen, lebenswichtigen Fragestellung diese „einfache" Theorie der ethischen Urteilsfindung zur Anwendung gebracht, dann *zweitens* mit dem Ziel, ausgehend von einer Inventarisierung der aktuellen Diskussionslage den eigenen Urteilsentscheid *verständlich* und *kritisierbar* zu machen. Das heißt, dass ich die Meinung vertrete, dass jede Position sich der Kritik stellen muss, dass sich grundsätzlich kein Argument gegen Kritik immunisieren lässt.

Problem- und Situationsanalyse

Die folgenden Hinweise nehmen bestimmte Probleme noch unsystematisch auf, wollen vorab die wichtigen Fragen stellen, machen Begriffsbestimmungen und werden die Richtung vorbereiten, in die eine Erörterung gehen muss. Insofern kann es sich nur in einem sehr eingeschränkten Sinne um eine Problem- und Situationsanalyse handeln, die jedoch den Anspruch erhebt, wichtige Probleme, Definitionen, Abgrenzungen aufzunehmen:

Der Konflikt zwischen grundlegende ethischen Werten stellt die Ethik auf den Prüfstand

(1) Es ist zunächst darauf hinzuweisen, dass die Zahl der möglichen Suizidbeihilfen in Altersheimen nach bisherigen Statistiken in Zürich sehr niedrig ist.[241] Wenn trotz dieser äußerst geringen Zahl diese Thematik breit,

---

241 Medienkonferenz Beihilfe zum Suizid vom 26. Oktober 2000: Sterben heute in Zürich, von PD Dr. A. Wettstein, Chefarzt des Stadtärztlichen Dienstes Zürich. Jedes Jahr sterben in der Stadt Zürich etwa 4.000 Personen, vorwiegend Betagte und Hochbetagte. Das häufigste Sterbealter liegt bei den Frauen bei 89 und bei den Männern bei 87 Jahren. Seit den 30er Jahren sterben in Zürich jährlich etwa 100 Personen durch Selbsttötung, 80% davon doch gewalttätige Methoden wie Erhängen, Erschießen oder durch Stürze. Etwa 8% der Selbsttötungen in der Schweiz erfolgen mittels Natriumpentobarbital, abgegeben durch eine Sterbehilfeorganisation, welche die Selbsttötungen begleitet. Von den 4.000 Sterbefällen in Zürich erfolgen ca. 40% in Spitälern, ca. 40% in Alters- oder Krankenheimen und ca. 20% zuhause. Von den jährlich etwa 100 Selbsttötungen in Zürich finden jedoch nur ungefähr 10 in Spitälern oder Heimen statt, und nur ein bis zwei Personen pro Jahr mussten bisher zur Selbsttötung mittels einer Sterbehilfeorganisation austreten. Wie

engagiert und zutiefst gegensätzlich diskutiert wird, dann ist dies ein Ausdruck dafür, dass es um grundlegende ethische Werte in unserer Gesellschaft geht: Die Ehrfurcht vor dem Leben steht zur Disposition! Die Selbstbestimmung und Autonomie des Einzelnen wird unter dem Deckmantel des Lebensschutzes paternalistisch missachtet!

Auf ethischer Ebene wird also das Problem des Prinzipienkonflikts zwischen Recht auf Leben und Selbstbestimmungsrecht des Einzelnen herausgestellt und dieser als Dilemma bestimmt. Ängste und Befürchtungen, die mit einem Bezug auf historische Erfahrungen bzw. mit dem Hinweis auf unwürdige Sterbehilfeaktionen und Organisationen formuliert werden, gehören ebenfalls zur Problem- und Situationsanalyse. Ebenso muss das Dammbruchargument bzw. das der slippery slope (abschüssige Bahn: ein erster Schritt zur Zerstörung der Würde des alten Menschen) berücksichtigt werden und es ist zudem legitim, die Zulassung der Beihilfe zum Suizid in den Kontext der Rationierungsdiskussion im Bereich der medizinischen Leistungen zu stellen.[242]

(2) Der Entscheid der Gesundheitsdirektion von Zürich, die Beihilfe zum Suizid in Altersheimen durch Institutionen wie EXIT zuzulassen, hat heftige Reaktionen ausgelöst. Es gibt Gutachten aus der Sicht der Ethik, die eine solche Sterbehilfe unter bestimmten Bedingungen zulassen (Hans Ruh, Werner Kramer), es gibt ethische Positionen, die dies ablehnen (Ruth Baumann).[243] Ist dies nun Ausdruck dafür, dass die Ethik der Beliebigkeit

---

sind denn die anderen 3900 Menschen in Zürich gestorben? Etwa ein Fünftel starb akut an einem Unfall oder an akuten Krankheiten wie Herzinfarkt oder Hirnschlag und Lungenentzündung, Das heißt, die meisten Sterbenden leiden an chronischen, nicht heilbaren Krankheiten. Bei ihnen ist der Verzicht auf lebensverlängernde Maßnahmen und die Optimierung der Leidensbekämpfung, passive Sterbehilfe die Regel.

242 „Die Antwort der reichsten Stadt im reichsten Land Europas auf den Pflegenotstand ist der assistierte Suizid." Klaus Ernst/Psychiatrische Universitätsklinik, Cécile Ernst/Psychiaterin, Neue Zürcher Zeitung, 11. November 2000.

243 Dazu die folgenden Hinweise auf kontroversen Positionen der Auseinandersetzung (http://www.stadt-zuerich.ch/kap01/medienmitteilungen/sterbehilfe/):

Ruth Baumann-Hölzle ist Leiterin des Interdisziplinären Instituts für Ethik im Gesundheitswesen, Dialog Ethik, Zürich: Nach Ansicht Ruth Baumanns darf eine solche Frage nicht durch einen präsidialen Entscheid des Stadtrates entschieden werden, sondern bedarf eines längeren gesellschaftlichen Diskurses. Außerdem vermisst die Autorin gegenwärtig die notwendigen Rahmenbedingungen für die Hilfe beim Sterben: Raum, Zeit und ausgebildetes Personal (Neue Zürcher Zeitung, 6. November 2000).

Klaus Ernst ist emeritierter Direktor der Zürcher Psychiatrischen Universitätsklinik, Cécile Ernst ist Psychiaterin: Der theologische Gutachter (Werner Kramer) warnt mit Recht vor der Suizidhilfeorganisation

unterworfen ist und sich bloß als Vertreterin von bestimmten Interessen offenbart? Damit würde die Ethik aber dem Anspruch nicht gerecht, den man ihr üblicherweise zuordnet. Von der Ethik erwartet man nicht Information, nicht die Erweiterung des Wissens oder eine Interessenvertretung, sondern ethische Orientierung im Anspruch einer verallgemeinerungsfähigen Wahrheit. Aufgrund der unterschiedlichen ethischen Positionen von einem Ethikversagen zu sprechen, ist jedoch nicht sachgerecht, da es zum Geschäft der Ethik gehört, unterschiedliche normative Positionen sichtbar zu machen und auszuhalten und aufgrund dieser Differenzen zu einem Urteil und zu einer Praxis zu gelangen, welcher der Würde des Menschen gerecht wird. Die sichtbar gewordenen Differenzen in den ethischen Urteilen zeigen somit, dass ethisches Urteilen ein argumentativer und kommunikativer Prozess ist, der die Axiomatik von Rechenoperationen wie 2x2 = 4 übersteigt. Mit dieser „Erklärung" und „Würdigung" der ethischen Differenzen ist das ethische Nachdenken jedoch nicht abgeschlossen, vielmehr wird damit erst sein Beginn markiert. Es ist nämlich schon der Anspruch der Ethik, ein normatives Orientierungswissen bereitzustellen, welches Probleme löst, die Qualität des Handelns und der Institutionen mindestens sichert oder verbessert und auf die Frage „Was sollen wir tun?" eine Antwort gibt.

Exit. Sie besitzt eine Art Monopol für die deutsche Schweiz. Eine 1999 in Basel erschienene medizinische Dissertation von T. A. Schenker beweist an 43 unausgelesenen Einzelfällen den gewissenlosen Umgang von Exit mit psychisch kranken Personen. Andere Sammlungen bestätigen diesen Umgang auch mit körperlich Kranken. Die Organisation ist wegen des Verdachts illegaler aktiver Tötung ins Gerede gekommen. Sie ist nicht vertrauenswürdig. Sie scheint heute vor allem bestrebt, die Zahl der von ihr assistierten Suizide aus ideologischen Gründen zu maximieren. Beide kritisieren die Gutachten, auf denen die Neuregelung der Sterbehilfe in städtischen Einrichtungen basiert (NZZ 28. 10. 2000). Cécile und Klaus Ernst legen dar, dass die Behauptung, Suizid entspringe der menschlichen Autonomie, allem widerspreche, was heute über den Suizid bekannt ist (Neue Zürcher Zeitung, 11. November 2000).

Oswald Oelz, Chefarzt Innere Medizin am Triemlispital Zürich, äußert sich folgendermaßen: Das Sicherheitsgefühl opfern. Inakzeptabler Entscheid des Stadtrates zur Sterbehilfe. Der Autor kritisiert im folgenden Beitrag die Neuregelung zur Sterbehilfe in Stadtzürcher Alters- und Krankenheimen. Er stellt dabei die Frage, ob das Sicherheits- und Geborgenheitsgefühl der verletzlichsten unserer Mitmenschen geopfert werden soll, damit unter juristischem Deckmantel der Autonomie - ein bis zwei Menschen in Altersheimen das Leben nehmen können (Neue Zürcher Zeitung, 2. Dezember 2000).

Werner Kramer, emeritierter Professor für Praktische Theologie an der Universität Zürich: Respekt der Autonomie. Trotz Sterbehilfe dem Schutz des Lebens verpflichtet. Der Autor hat im Auftrag des Gesundheits- und Umweltdepartements Zürich eines der drei Gutachten verfasst, auf denen die Neuregelung der Sterbehilfe in städtischen Einrichtungen basiert. Werner Kramer geht auf die an dieser Stelle und in den Leserbriefspalten geäußerte Kritik ein und plädiert für den Respekt vor der Autonomie des Menschen sowie für die Verpflichtung zum Schutz des Lebens (Neue Zürcher Zeitung, 21. November 2000).

(3) Diese Differenzen in der Einschätzung lassen bereits erahnen, dass jeder Anspruch auf eine endgültige Lösung aufgegeben werden muss, dass ethisches Nachdenken in diesem Bereich der „Sterbehilfe" ein spezielles Erkunden ist, das sich immer selbstkritisch reflektieren muss.

Begriffe von „Sterbehilfe" und die Eingrenzung des Themas auf die Beihilfe zum Suizid

Zur Problem und Situationsanalyse gehört zunächst eine Verständigung über die Begrifflichkeit „Sterbehilfe." Markus Zimmermann-Acklin hat in seinen Überlegungen darauf hingewiesen, dass es notwendig ist, diesen Begriff mit seinem Umfeld sauber zu klären, um so bereits ethische Urteile in den Begriffen aufzudecken. So besteht ein enormer Unterschied darin, ob ich von Selbsttötung, Suizid oder Selbstmord spreche. Mit dem Begriff Mord wird vorab eine moralisch verwerfliche Handlung beschrieben, während Suizid und Selbsttötung eine solche Wertung vermeiden[244]. Insofern werde ich konsequent auf den Begriff Selbstmord verzichten. Dies vorausgesetzt, lassen sich beim Begriff der Sterbehilfe die folgenden Unterscheidungen treffen.

(1) Sterbehilfe als *Sterbebeistand*. Sterbeerleichterung ohne lebensverkürzende Maßnahmen. Dazu gehören pflegerische und seelsorgerliche Maßnahmen, die ein gutes Sterben ermöglichen. Ethisch ohne Probleme. Bei dieser Weise von Sterbehilfe geht es um die Qualität der Pflege und der Seelsorge.

(2) Sterbehilfe als *Erleichterung des Sterbens* mit eventueller Lebensverkürzung als ungewolltem Nebeneffekt. Bestimmte Medikamente (Narkotika, Hypnotika, Analgetika) können eine solche Wirkung haben. Da bei dieser Handlung das primäre Ziel die Erleichterung des Sterbens (Minderung des Leidens) ist, bestehen keine ethischen Probleme (duplex effectus-Lehre).

---

244 Markus Zimmermann-Acklinin, Zwischen Suizid und Euthanasie. Erkundigungen in einem Übergangsfeld, in: Bioethica 22, hrsg. von der Schweizerischen Gesellschaft für biomedizinische Ethik, Genf 1998, S. 4ff. Siehe zur Exit-Thematik, Kaiser, Helmut, Kranke haben Wünsche - und Rechte, in: Reformiertes Forum 19/10.5.91, S. 9-11; drs., Zwischen Sterbebegleitung und Hilfe zum Sterben, in: Reformiertes Forum 13/30.3.88, S. 11-14; Hans Halter, Recht auf den eigenen Tod?, in: ZeitSchrift 5/Oktober 1990, S. 342-348; Holderegger, Adrian, Zur Sterbehilfe. Ein Spezialthema der medizinischen Ethik, in: Das Ethos der Liberalität, hrsg. von Hans Ulrich Germann u.a., Freiburg. i. Ue./i.Br. 1994, S. 255-274.

(3) Sterbehilfe als *passive Euthanasie* ist der Verzicht auf eine technisch mögliche Lebensverlängerung. Dies wird geregelt durch die Richtlinien der Schweizerischen Akademie der medizinischen Wissenschaften.[245]

(4) Sterbehilfe nicht mehr als Hilfe beim Sterben, sondern als *Hilfe zum Sterben*. Dazu gehört die Freitodhilfe auf Verlangen. Freitodhilfe – außer wenn „selbstsüchtige Beweggründe" vorliegen (StGB Art 115) – ist in der Schweiz rechtlich nicht strafbar und in der Schweiz leistet EXIT sterbewilligen Menschen ehrenamtlich Freitodhilfe.

(5) Sterbehilfe als *aktive Handlung zum Töten* (mercy killing). Es geschieht eine bewusste, gezielte und direkte Lebensverkürzung (Verabreichung einer tödlichen Spritze durch…). In Artikel 114 StGB heißt es dazu: „1 Wer aus achtenswerten Beweggründen, namentlich aus Mitleid, einen Menschen auf dessen ernsthaftes und eindringliches Verlangen tötet, wird mit Gefängnis bestraft."[246]

Damit kann ich meine Überlegungen abgrenzen und einschränken, wohl wissend, dass Begriffe immer Unklarheiten in sich bergen. Ich werde mich im Folgenden also auf die Sterbehilfe im Sinne von 4 beschränken (= Beihilfe zum Suizid), Sterbehilfe im Sinne von 5 bewusst nicht aufnehmen, da diese ein besonderes Problemfeld darstellt.[247] Obwohl Freitod und Freitodhilfe/Selbsttötungshilfe in der Schweiz nicht strafbar sind, außer wenn selbstsüchtige Motive vorliegen, werde ich vorab dem Suizid eine besondere Beachtung zumessen. Dabei werde ich die Begrifflichkeiten Suizid, Selbsttötung und Freitod gebrauchen und damit bewusst andeuten, dass der

---

245 s. dazu Medizinisch-ethische Richtlinien für die ärztliche Betreuung sterbender und zerebral schwerst geschädigter Patienten vom 24.2.1995 der Schweizerischen Akademie der medizinischen Wissenschaften: „Der Verzicht auf lebensverlängernde Maßnahmen und der Abbruch früher eingeleiteter Maßnahmen dieser Art sind gerechtfertigt." (II 1.2)

246 s. dazu Arbeitsgruppe Sterbehilfe. Bericht der Arbeitsgruppe an das Justiz- und Polizeidepartement, März 1999, in: Wie menschenwürdig sterben? Zur Debatte um die Sterbehilfe und zur Praxis der Sterbebegleitung, hrsg. Von Matthias Mettner, Zürich 2000, S. 303-355: Eine Mehrheit empfiehlt, Artikel 114 StGB (Tötung auf Verlangen) um einen Absatz 2 zu erweitern, wonach in extremen Ausnahmefällen von einem Strafverfahren oder einer Bestrafung abgesehen werden muss.

247 s. dazu Arbeitsgruppe Sterbehilfe. Bericht der Arbeitsgruppe an das Eidg. Justiz- und Polizeidepartement, März 1999, in: Wie menschenwürdig sterben? Zur Debatte um die Sterbehilfe und zur Praxis der Sterbebegleitung, hrsg. von Matthias Mettner, Zürich 2000, S. 303-355.

Suizid nicht einfach pathologisiert werden kann, dass der Suizid eben auch als eine Tat der „Freiheit" betrachtet werden muss.

Beihilfe zur Selbsttötung in Institutionen der Langzeitpflege/Altersheimen

Die mir gestellte Aufgabe besteht nicht allein in der isolierten ethisch-theologischen Behandlung der Selbsttötungshilfe, vielmehr muss zugleich der Kontext dieser Beihilfe mitbedacht werden: Die Institution der Langzeitpflege. Damit erhält die ethische Grundsatzerörterung einen zentralen institutionellen Aspekt, der für die sozialethische Reflexion selbstverständlich ist, durch die Konzentration auf eine Entscheidungsfindung jedoch vergessen werden kann. Diesem Aspekt werde ich eine besondere Bedeutung zumessen, wie dies auch bereits in der aktuellen Diskussion geschieht. Der institutionelle Aspekt bezieht sich (a) auf die Institution der Langzeitpflege und (b) auf die entsprechende Sterbehilfeorganisation.

Zur Problem- und Situationsanalyse und zu meiner Aufgabenstellung gehört deshalb der Hinweis, dass Beihilfe zum Suizid in Altersheimen bislang tabuisiert worden ist bzw. nicht mit dem Institutionen-Ethos kompatibel war, die Menschen also, die das wollten, aus dem Heim „geschafft" werden mussten. Solche Aktionen, auch wenn deren Zahl sehr gering ist, waren wohl mit Verheimlichungen, Unwahrheiten und Unwürdigkeiten verbunden. Insofern drängt es sich auf, dieses Problem dadurch zu lösen, dass Transparenz hergestellt wird und diese Handlung, wenn bejaht, in einem ethisch korrekten Rahmen geschieht.

Das weitere Vorgehen

Diese Hinweise, das wird durch deren Vielschichtigkeit und Gegensätzlichkeit sofort deutlich, können vorab weder das eine noch das andere Urteil begründen. So werde ich im Folgenden zunächst den Suizid aufnehmen und dabei unterschiedliche Argumentationsweisen auflisten. Es wird in einem weiteren Schritt wichtig sein, die Argumente/Verhaltensalternativen in dieser Sache darzustellen und deren Reichweite und Grenzen zu benennen.

Argumentationsmodelle, Begründungen, Verhaltensalternativen

Entsprechend der erwähnten Theorie der ethischen Urteilsfindung werden in diesem Teil meiner Überlegungen unterschiedliche Argumentationsmodelle dargestellt. Beginnen werde ich mit der Thematik der Selbsttötung, deren

Behandlung zur Forderung einer integrativen Betrachtungsweise führt. In einem dritten Abschnitt werden drei mögliche Grundhaltungen (Verbot, Erlaubnis-Ausnahme, Anspruch) unterschieden, die bereits auf eine mögliche Praxis hinweisen.

Selbsttötung – Geschichte und vier ethische Modelle

Die Berechtigung selbstmordverhütender Maßnahmen ist auch dann in der Regel unbestritten, wenn die Suizidverhütung kritisch betrachtet wird. Begründet wird die Suizidprävention durch die Deutung des Suizids als den Abschluss einer krankhaften Entwicklung. Im Folgenden werde ich aufzeigen, dass die pathologische Einstufung der Selbsttötung den Suizidanten unter die Fremdbestimmung der Krankheit rückt. Zugleich wird aufgewiesen, dass eine ethische Verurteilung des Suizids nur mit Wertsetzungen begründet werden kann, die grundsätzlich hinterfragt werden können. Zudem kann es gute Gründe für einen Suizid geben. Nach einer Kurzgeschichte des Suizids werden vier ethische Argumentationen (Verbotsethik, Pflicht zur Prävention, Nutzen-Abwägungen, Suizid als Weg ins Freie) dargestellt und befragt mit dem Ziel, die Pflicht, leben zu müssen, durch eine Offenheit, welche den Suizid als einen Prozess der Freiheit sehen kann, zu ersetzen. Wenn aber diese Pflicht zum Leben überwunden ist, stellt sich eine enorme Entkrampfung ein, welche in der konkreten therapeutischen und seelsorgerlichen Situation eine Befreiung darstellt und die Voraussetzung dafür ist, dass ein neuer Mut zum Leben überhaupt entstehen kann.

Selbsttötung im Alter – Einleitende Gedanken

Beihilfe zum Suizid in Langzeitpflegeinstitutionen impliziert das Thema „Selbsttötung im Alter". Damit berühre ich eine Lebensthematik, über die man im Allgemeinen nur sehr ungern spricht. In meiner eigenen Berufserfahrung als Seelsorger habe ich erfahren, dass der Suizid an sich und der im Alter eine große Rätselhaftigkeit und Anrüchigkeit in sich birgt. Es werden Fragen gestellt wie:

- Warum musste Herr M. dies unbedingt noch in seinem Alter tun und warum hat er nicht schon früher getan?

- Haben die Angehörigen sich zu wenig um ihn gekümmert oder wurde er nicht sogar in den Selbstmord getrieben, weil ihm eventuell gesagt wurde, wie teuer das Altersheim sei?

Der Suizid im Alter stellt Grundsatz-Fragen im Blick auf Leben und Sterben und eignet sich hervorragend für Schuldzuweisungen und Gerüchte, die eine eigenartige Vermischung von irrationaler Bewältigung, moralischer Verurteilung und naiver Verhütung zum Ausdruck bringen.[248]

Meine Fragestellung „Soll Selbsttötung im Alter überhaupt verhindert werden?" ist eine Frage, die für den Mainstream der Suizidforschung zunächst eine fremde ist. Die Humanwissenschaften deuten den Suizid als den Abschluss einer „krankhaften" Entwicklung, so dass der Suizid nicht unabhängig von der Suizidprävention diskutiert werden kann. Das heißt: Auch wenn von Psychiatern und Psychotherapeuten die Aktivität im Bereich der Suizidverhütung kritisch betrachtet wird, so gibt es eine generelle Übereinstimmung in der Berechtigung selbstmordverhütender Maßnahmen. In diesem Zusammenhang wird dann in der Regel von „Selbsttötung" gesprochen, womit ich die sprachlichen Unterschiede von Selbsttötung, Selbstmord, Freitod und Suizid nur angedeutet habe.[249]

Mit meiner Fragestellung „Soll Suizid überhaupt verhütet werden?" möchte ich aus ethisch-philosophischer Sicht die Selbstmordverhütung behandeln. Bitte verwechseln Sie dies nicht mit „in Frage stellen"!!

Dabei wähle ich das folgende Vorgehen:

- Eine Kurzgeschichte des Suizids: Verdrängung, Pönalisierung/ Verdammung, Romantisierung;

- Ethische Argumentationen im Spannungsfeld von Freiheit und Krankheit

- Schlussfolgerungen.

---

248 Holderegger, Adrian, Die Sehnsucht nach dem eigenen Tod. Spielregeln des Lebens, Freiburg i. Ue. 1981, S. 5f. drs., Suizid und Suizidgefährdung. Humanwissenschaftliche Ergebnisse. Anthropologische Grundlagen, Freiburg CH/Wien 1979.
249 S. Wellhöfer, Peter R., Selbstmord und Selbstmordversuch, Stuttgart 1981, S. 97ff.

Eine Kurzgeschichte des Suizids: Zwischen Verdammung und Romantisierung

Bei meiner Kurzgeschichte des Suizids kann ich mich auf die ausgezeichnete Arbeit des französischen Historikers Georges Minois beziehen, der in seiner Geschichte des Suizids von der Antike bis heute die religiöse, juristische, philosophische und soziale Wertung des Suizids herausgearbeitet hat.[250] Wichtig an dieser Arbeit ist die Wertung des Suizids unter den verschiedenen Gesichtspunkten der Verdrängung, Pönalisierung (= Verdammung) und Romantisierung bzw. Verherrlichung.

In der *(1) Antike* entdecken wir zunächst eine große Vielfalt in der Bewertung des Suizids. Der bekannte Mathematiker Pythagoras, die Philosophen Demokrit, Diogenes oder Sokrates haben Suizid begangen.[251] Wohl sahen bestimmte Städte wie Athen, Sparta oder Theben Strafen für den toten Körper von Selbstmördern vor, grundsätzlich wurde aber die Freiheit des Menschen sehr hoch eingeschätzt und in den Augen der Epikureer verdient das Leben nur dann bewahrt zu werden, wenn es angenehm ist, wenn es der Vernunft, der Menschenwürde entspricht. Es gab also in der Zeit der Antike eine offene Haltung gegenüber dem Suizid, der akzeptiert wurde bei körperlichen Schmerzen, Altersgebrechen und Prüfungen in einer Gefangenschaft.

Erst im *(2) römischen Reich* setzt eine Verurteilung des Selbstmordes ein, wozu zum Beispiel gehört, dass der Suizid im Heer nun streng unterdrückt wird – aus verständlichen Gründen.[252]

In der *(3) hebräischen Welt* wird uns im Alten Testament in neutraler Form von mehreren Selbsttötungen berichtet. So durchbohrt sich König Saul am Ende einer verlorenen Schlacht gegen die Philister mit dem Schwert.[253] Zwar verbietet das mosaische Gesetz mit seinem 5. Gebot das Töten, doch ob es

---

250 Minois, Georges, Geschichte des Selbstmords, Düsseldorf und Zürich 1996 (1995).
251 Minois, a.a.O., S. 71.
252 Minois, a.a.O., S. 88.
253 Minois, a.a.O., S. 36: 1. Samuel 31,4 /Saul lebte im 11. Jahrh. v.Chr.

auch für die eigene Person gilt, wird nirgends verdeutlicht und die erwähnten Selbsttötungen im AT werden nie ausdrücklich missbilligt.[254]

Es brauchte nahezu 5 Jahrhunderte, bis sich in der Kultur des christlichen Abendlandes eine Verurteilung des Suizids durchgesetzt hatte. Die Gründe für diese lange Zeit sind vielfältig. Wenn z.B. Johannes Jesus die Worte in den Mund legt „Niemand entreißt mir mein Leben, ich gebe es aus freiem Willen hin" (Joh 10,15-18),[255] dann konnte dies als Legitimation des Suizids verstanden werden wie auch andere Sätze: „Es gibt keine größere Liebe, als wenn einer sein Leben hingibt für seine Freunde." (Joh 15,13). Es ist eine Tatsache, dass während den Christenverfolgungen der Freitod dem Martyrium vorgezogen wurde.

Im *(4) frühen Mittelalter*, im 4. Jahrhundert, wird von Augustin in seinem Gottesstaat eine rigoristische Doktrin vertreten, die zur offiziellen Position der Kirche im Sinne der radikalen Verdammung des Selbstmordes wird:[256]

> „Das aber sagen, das versichern wir, daran halten wir mit aller Entschiedenheit fest, dass niemand freiwillig den Tod suchen darf, um zeitlicher Pein zu entgehen, er würde sonst der ewigen anheimfallen."

Damit ist für die Kirche ein radikales Verbot des Suizids formuliert. Jeder, der Selbstmord begeht, wird schuldig und verdammt.

Ein einziges Gedicht von einer Nonne aus dem späteren Mittelalter zeigt exemplarisch die allgemeine Verdammung des Selbstmordes in dieser Zeit, welche den Einzelnen auch verzweifeln ließ:[257]

> „Gern würde ich mich töten,
>
> Doch in die Hölle führt dies geradewegs.
>
> Bewahr' mich, Gott, vor der Verzweiflung."

---

254 so Minois, a.a.O., S. 42.
255 Minois, a.a.O., S. 43.
256 Minois, a.a.O., S. 48.
257 Minois, a.a.O., S. 27.

Zugleich verdeutlicht dieses Gedicht eine Dichotomie in der Wertung des Selbstmordes, der auf der einen Seite verdammenswert, auf der anderen Seite wünschbar und löblich ist.

Diese Verdammung des Suizids im Mittelalter bekam durch die *(5) Renaissance* im 14. Jahrhundert eine Aufweichung in dem Sinne, dass das antike Verständnis von Selbsttötung aufgenommen wurde:

„Verstohlen dringt der Selbstmord in die Gemüter ein; der Schleier der Scham und Angst, der ihn bisher verhüllte, schwindet nach und nach..."[258]

Humanisten wie Petrarca beziehen sich auf die antike Kultur, um sich gegen die Selbstmordverdammung auszusprechen und ab 1570 wird der Ton immer anerkennender. In einem anonymen englischen Manuskript von 1578 wird gefragt, ob ein Mensch sich verdammt, wenn er sich tötet. Bei der Diskussion dieser Frage lässt man König Saul seine Selbsttötung vertreten.[259]

Doch nicht allein die geistige Elite der Humanisten bewertete die Selbsttötung positiv, auch im Alltagsbewusstsein geschah trotz der dogmatischen Ablehnung des Suizids seine „Wertschätzung", wenn wir die Erklärung einer Bäuerin in *Les Simulacres de la mort* lesen:[260]

„In großer Pein hab ich lange gelebt,

Dass ich nicht mehr leben will.

Doch ganz gewiss scheint mir,

Dem Leben vorzuziehen ist der Tod."

Für die Kirche bestand jedoch kein Zweifel, dass der Selbstmord die schlimmste aller Sünden sei, wobei die Verteufelung des Selbstmordes bei *(6) Martin Luther* (1483-1546) eine wichtige Differenzierung erfahren hat. Am 1. Dezember 1544 schreibt Martin Luther anlässlich einer Selbstmörderin, dass der Pastor, der sie beigesetzt hat, nicht zu tadeln sei, da diese Frau als Opfer eines vom Satan verübten Mordes betrachtet werden könne.[261] Die

---

258 Minois, a.a.O., S. 99.
259 Minois, a.a.O., S. 103.
260 Minois, a.a.O., S. 109.
261 Minois, a.a.O., S. 112.

Verteufelung des Selbstmordes führte bei Martin Luther nicht zu einer Verteufelung des Menschen, der Selbstmord begangen hat. Wir wissen, dass diese Unterscheidung von Werk und Person rasch verloren gegangen ist und der Selbstmörder außerhalb der Friedhofsmauern entsorgt wurde.

Der radikalste Beitrag zur Bejahung der Selbsttötung in der Zeit der *(7) Aufklärung* ist die Abhandlung von David Hume „Essays on Suicide and the Immortality of the Soul" (1777 in England),[262] in welchen er die Hauptargumente der bisherigen Ablehnung aufnimmt und widerlegt: Der Suizid ist keine Beleidigung Gottes, weil der Einzelne vom Schöpfer die Möglichkeit erhalten hat, sich zu töten. Der Selbstmord schadet auch nicht der Gesellschaft und der Selbstmord ist keine Beleidigung meiner selbst, sondern meine letzte Zuflucht.

Zur ungefähr gleichen Zeit hat Johann Wolfgang von Goethe den *(8) romantischen Selbstmord* entfaltet. Als er 1774 „Die Leiden des jungen Werther" geschrieben hat, war er 25 Jahre alt und vom Selbstmord eines jungen Mannes geprägt. Die Geschichte des jungen Werthers und der unmöglichen Liebe zwischen einem jungen Mann und einer keuschen Ehefrau, die mit einem anrührenden Selbstmord endet, fasst das Bild des romantischen Selbstmordes zusammen: Liebe, Tod, Begierden, die Unmöglichkeit einer Verständigung, festgefügte Wertvorstellungen treffen zusammen. Die poetische und melancholisch-romantische Darstellung des Selbstmordes in diesem Roman hat so viele Selbstmorde ausgelöst, dass in bestimmten Gegenden das Buch verboten wurde.

Für Imanual Kant (1724-1804), ebenfalls ein Aufklärer, widersprach die Freiheit zum Selbstmord dem Prinzip der Selbstliebe.[263] Seine Argumentation: Der Selbstmord wird von dem Gefühl der Selbstliebe motiviert. Es ist nun aber ein Widerspruch, wenn diese Selbstliebe, welche eigentlich das Leben fördern soll, Leben zerstört.

---

262 Minois, a.a.O., S. 364.
263 Minois, a.a.O., S. 396.

Ergebnis:

In der Geschichte hat sich – wegen oder trotz der Befürwortungen des Suizids – *ein* Grundzug eindeutig herausgebildet: Der Selbstmord ist ein Frevel gegen Gott, er ist die Sünde schlechthin, er ist ein Widerspruch zur Selbstliebe, er widerspricht der Pflicht zum Leben. Der Selbstmord ist alles Mögliche, nur nicht eine Äußerung der menschlichen Freiheit. Der Selbstmord, das scheint sicher zu sein, flößt Abscheu ein.[264] Die Frage „Soll Selbsttötung im Alter überhaupt verhindert werden?" steht in diesem Traditionszusammenhang und legt die Antwort auf diese Frage bereits fest.

Ethische Argumentationen im Spannungsfeld von ethischem Verbot, Krankheit, Nutzenabwägung und Freiheit

Die Frage „Soll Selbsttötung im Alter überhaupt verhindert werden?" könnte also einfach mit einem Hinweis auf die Verurteilung des Suizids in der Geschichte beantwortet werden. Ich meine, dass in der heutigen Diskussion des Suizids das Gewicht dieser Tradition sehr stark ist. Die vorliegende Fragestellung verlangt jedoch nach einer systematischen Begründung, die nicht unmittelbar aus der Tradition zu holen ist. Welche Begründungen sind also möglich und wie stichhaltig sind diese? Vier Begründungen lassen sich unterscheiden:

(1) Verbotsethik: Wenn ich den Suizid in den Kontext eines absolut verstandenen Tötungsverbotes stelle, dann wird jeder Suizid verwerflich sein.

(2) Pflicht zur Prävention: Wenn ich den Suizid als Abschluss einer Krankheit betrachte, dann besteht die absolute Pflicht zur Prävention.

(3) Nutzen-Abwägungen: Wenn ich Nutzenüberlegungen einbringe, wie dies im klassischen Utilitarismus gemacht wird, also Leid und Glück gegeneinander abwäge, dann werde ich den Suizid differenziert bewerten und dem Einzelnen eine Selbsttötung zubilligen, wenn es dafür gute Gründe gibt.

(4) „Suizid als Weg ins Freie": Wenn ich den Suizid als Weg ins Freie sehe, dann werde ich den Suizid als Signatur der Freiheit verstehen.

---

264 Minois, a.a.O., S. 463.

Diese vier ethischen Argumentationen möchte ich im Folgenden aufnehmen und dabei jeweils auf ihre Reichweite und Grenzen hinweisen:

Wenn ich den Suizid in den Kontext eines absolut verstandenen Tötungsverbotes stelle, dann wird jeder Suizid verwerflich sein.

Nicht nur in der Tradition des christlichen Glaubens, auch in anderen Kulturen wird das fünfte Gebot „Du sollst nicht töten" besonders hochgeschätzt. Es gehört sozusagen zum gemeinsamen Weltethos der großen Religionen und wurde in seiner positiven Form als Recht auf Leben und körperliche Integrität in den Verfassungen der modernen Demokratien anerkannt. Umfragen bestätigen, dass dieses Gebot als das wichtigste unter den 10 Geboten anerkannt wird. Diese grundsätzliche Anerkennung bestätigt sich gerade darin, dass in Grenzfällen wie der Embryonenforschung, dem Schwangerschaftsabbruch, der Freitodhilfe und der Tötung auf Verlangen die Diskussion besonders heftig geführt wird.

Die biblischen Wurzeln dieses Gebotes (Exodus 20) erklären, warum in der kirchlichen Tradition ab dem 4. Jahrhundert die Selbsttötung so grundsätzlich abgelehnt wurde. Verstärkt wurde das Tötungsgebot in der theologischen Tradition des Christentums dadurch, dass Gott als der Schöpfer des menschlichen Lebens auch sein ursprünglicher Eigentümer und Besitzer sei, so dass jeder Eingriff in das Leben z.B. durch den Selbstmord einen unzulässigen Eingriff in die Hoheitsrechte Gottes über das menschliche Leben darstelle.

Diese Argumentation führte dazu, den Suizid abwertend als Selbstmord und den Suizidanten als Selbstmörder zu bezeichnen. Im christlichen Traditionszusammenhang wurde der Suizid zu einem moralischen Übel. Diese Bewertung des Suizids lässt jedoch immerhin gelten, „dass in der Handlungsweise des Suizidanten eine Option des Subjekts, wenn auch eine moralisch fragwürdige, zum Austrag kommt."[265]

---

[265] Altner, Günter, Tod, Ewigkeit und Überleben, Heidelberg 1981, S. 121.

Innerhalb der ethischen Diskussion wird diese Argumentation kritisch hinterfragt:

Das Tötungsverbot wurde in der Geschichte nie absolut verstanden, vielmehr wurden immer auch Ausnahmen zugelassen. Zu diesen Ausnahmen zählt das Töten in Notwehr, das Töten bei einem kriegerischen Angriff oder die Todesstrafe. Auch wenn diese Einschränkungen selbst hinterfragt werden müssen, so ist es doch richtig, dass das Tötungsverbot in Konkurrenz zu anderen Geboten treten kann. Denken wir z.B. daran, dass individuelles Leben im Konfliktfall gegenüber dem Gemeinwohl zurücktreten kann. Von Polizisten und Feuerwehrleuten wird der Einsatz des eigenen Lebens erwartet, um Gefahren abzuwenden oder Leben anderer zu retten. Oder das bekannte Beispiel des Militärpiloten, der den Schleudersitz nicht bediente, um die Maschine in noch unbewohntes Gebiet zu steuern und damit sein eigenes Leben verspielte.[266]

Aus der heilstheologischen Aussage „Gott sei der Herr über Leben und Tod" kann nicht die normtheoretische Aussage von der Unverfügbarkeit über das menschliche Leben abgeleitet werden. Aus dem „Hoheitsrecht" Gottes ergibt sich nicht die Heiligkeit (= Unverfügbarkeit, Unantastbarkeit), vielmehr die Verantwortung für die Qualität menschlichen Lebens.

Ethisch lässt sich also die moralische Abwertung des Suizids nur dann begründen, wenn vorab Abwertungen gemacht werden, Abwertungen, welche einen Abscheu bzw. einen Ekel gegenüber dem Suizid in sich bergen.

Wenn ich den Suizid als Krankheit betrachte, dann besteht die absolute Pflicht zur Prävention.

Die theologisch-religiöse Argumentation von der Unverfügbarkeit des menschlichen Lebens hat viel Unheil angerichtet. Es wurde nicht nur der Suizid als Tat verdammt, sondern zugleich auch der Suizidant. Auch wenn Martin Luther allein die Tat verteufelte und nicht den Täter, so hat sich in der Kirchengeschichte eine unheilvolle und menschenverachtende Verteufelung

---

266 Kuitert, Harry M., Darf ich mir das Leben nehmen?, Gütersloh 1990, S. 130.

von Tat *und* Täter durchgesetzt. Menschen, die Suizid begangen, wurden außerhalb der Friedhofsmauern ohne kirchliches Ritual verscharrt! Deshalb bedeutete die Kennzeichnung des Suizids als Krankheit oder psychische Störung eine enorme Befreiung aus der religiös-dogmatischen Verdammung. Wird der Suizid als Abschluss einer krankhaften Entwicklung gesehen, dann lassen sich über die Frage nach der Entstehung des suizidalen Syndroms auch mögliche Präventionen entwerfen. Die diagnostische Erfassung der Ursachen des Suizids hat ihr ausgesprochenes Ziel in der Entwicklung effizienter Behandlungsmethoden der Suizidalität. Der Suizidant, so die Ergebnisse der klinisch-psychologischen Forschungen, intendiert in der Regel gar nicht den Tod, sondern sucht ihn nur indirekt als Lösung von Konflikten und bedrängenden Lebensproblemen.

Die Konsequenzen dieses Verständnisses von Suizid als Krankheit sind die folgenden:

(1) Wenn der Suizid eine Krankheit ist, dann muss es möglich sein, die Krankheit zu heilen und Gesundheit herzustellen. Das heißt, dass es aufgrund dieses Verständnisses von Suizid eigentlich keinen freien Willen des Patienten gibt. Die ethisch-philosophische Frage nach der Verantwortlichkeit und dem freien Entscheid wird durch die Krankheit Suizid vorab als der Sache Suizid unangemessen bestimmt.

(2) In einer Klinik wird deshalb notwendigerweise ein Suizid als Versagen und Misserfolg wahrgenommen. Weil der Suizidant vom Gesundheitsverständnis her heilbar ist, muss ein erfolgreicher Suizid als gravierender Misserfolg ausgelegt werden. Und wenn innerhalb kurzer Zeit drei Suizide in einer Psychiatrischen Klinik stattfinden, dann ist das persönliche Versagen der TherapeutenInnen und PflegerInnen besonders schwerwiegend. Dies führt zu einem Krampf und Verkrampfung in der Therapie, jede Gelassenheit geht verloren bzw. wird als Leichtsinn oder Verantwortungslosigkeit kritisiert und abgelehnt.

Suizid als Krankheit konzentriert die Betrachtung des Suizids in erster Linie auf die Ursachen und Motive. Die Person in seiner Freiheit, Selbstbestimmung und Autonomie darf – so formuliere ich jetzt bewusst überspitzt – auf keinen Fall berücksichtigt werden, weil damit die Pflicht zur Prävention eine unzulässige Einschränkung erfährt. Das heißt: „Die pathologische Einstufung des Freitodes verneint die Entscheidungsfähigkeit des Suizidanten, sei sie nun nützlich oder nichtsnutzig, sie rückt den Suizidanten unter die Fremdbestimmung durch Krankheit."[267]

Wenn ich Nutzenüberlegungen einbringe, wie dies im Utilitarismus gemacht wird, also Leid und Glück gegeneinander abwäge, dann werde ich den Suizid differenziert bewerten und dem Einzelnen eine Freiheit zum Tod zubilligen, wenn es dafür gute Gründe gibt.

In der ethischen Diskussion gibt es ein Modell, welches die Folgen von Handlungen berücksichtigt und bei dieser Folgenabschätzung z.b. Leid und Glück gegeneinander abwägt. Diese Abwägung ist charakteristisch für den sogenannten Utilitarismus. Bekannt geworden in jüngster Zeit ist diese Argumentationsweise durch den australischen Ethiker Peter Singer.[268] Die Grundvoraussetzung einer utilitaristischen Ethik besteht darin, dass praktisch in allen Lebenssituationen ein vernünftiges Kalkulieren, Abwägen und Vergleichen von Vorteilen und Nachteilen möglich sei. Es geht im Utilitarismus um einen möglichst großen Nutzen für den Einzelnen oder eine Gemeinschaft, der durch ein Abwägen erreicht wird. Manche medizinischen Entscheide sind durch ein solches Abwägen bestimmt, wenn zum Beispiel entschieden werden muss, welche Menge Morphium verabreicht werden soll: Es geht hier um ein Abwägen zwischen Schmerzlinderung und Lebensverkürzung. Bei krebskranken Patienten erlebe ich es mit einer überraschenden Regelmäßigkeit, dass in einer bestimmten Phase der Krankheit solche Abwägungen gemacht werden müssen.

Die Einbeziehung der Selbsttötung in eine solch teleologisch-utilitaristische Argumentation ist nicht nur ethisch diskutierbar, sondern wird immer wieder praktiziert. Das heißt, die Befreiung von der Last eines unerträglichen Lebens kann die Selbsttötung rechtfertigen. Das heißt:

Wenn das physisch-psychische Leiden trotz der Einbettung in medizinische Schmerzlinderung und seelsorgerlichen Beistand so groß ist, dass es subjektiv nicht mehr zu ertragen ist und wenn dadurch die Leidensfähigkeit als Grundexistential menschlichen Daseins (Leidensfähigkeit ist die

---

267 Altner, a.a.O., S. 121.
268 s. dazu das umstrittene Buch von Helga Kuhse/Peter Singer, Muss dieses Kind am Leben bleiben? Das Problem schwerstgeschädigter Neugeborener/Should the Baby Live?/1985, Erlangen 1993.

Voraussetzung menschlicher Subjektivität, Personalität und Sinnhaftigkeit)[269] durch eben überstarken und nicht mehr zu lindernden Schmerz zerstört wird und sich damit eine totale Sinnlosigkeit einstellt, dann ergibt sich die Selbsttötung aus einem Abwägen von Leiden und Glück.[270] Dies kann gerade bei alten Menschen zutreffen, die sich auch sagen können: „Ich will dann sterben, wenn ich noch im Besitze meines Verstandes bin."

Die Einwände gegenüber dieser Argumentation, das hat die Singer-Diskussion gezeigt, sind die folgenden:

(1) Ein vernünftiges Entscheiden und Abwägen ist, wenn es um Leben und Tod geht, eine reine Fiktion. Es gibt in einer solchen Situation keinen Rekurs auf eine abwägende Vernunft.

(2) Ein solches Abwägen vernachlässigt völlig die Einsicht der Humanwissenschaften, wonach hinter der Suizidalität oft eine langwierige Entwicklung mit tiefsitzenden Ursachen steht. Es geht also nicht um ein vernünftiges Abwägen von Glück und Leid, sondern um einen mühsamen Weg der Aufarbeitung der Vergangenheit und der psychischen Störungen.

Trotz dieser Einwände gilt: Dieses „utilitaristische" Verständnis von Suizid mit seiner abwägenden Vernunft bricht das Verständnis von Selbsttötung als Krankheit auf, von der man geheilt werden muss wie von Masern. Dieses Argumentationsmodell besagt zudem, dass ein Mensch gute Gründe haben kann, sich zu töten.[271] Das ist ein erster Schritt auf dem Weg zum „Freisein des zur Selbsttötung Schreitenden."[272]

---

269 s. H. Ringeling, Maximen der ärztlichen Verantwortung in Grenzfällen, in: Menschlich sterben - christlich sterben, hrsg. vom SEK, Bern 1981, S. 8.
270 Kaiser, Helmut, Zwischen Sterbebegleitung und Hilfe zum Sterben, in: Reformiertes Forum 13/30.3.88, S. 11-14.
271 Kuitert, Harry M., Darf ich mir das Leben nehmen?, Gütersloh 1990, S. 123.
272 Altner, a.a.O., S. 121.

„Suizid als Weg ins Freie":

Wenn ich den Suizid als Weg ins Freie sehe, dann werde ich den Suizid als Signatur der Freiheit verstehen.

Auch wenn in jüngster Zeit die Suiziddiskussion vornehmlich durch die Psychologie und Psychiatrie bestimmt wurde, so wird immer wieder auch darauf hingewiesen, dass keineswegs behauptet wird, dass jeder Suizid an sich krankhaft sein muss.[273] Es ist Jean Améry gewesen, der mit seinem 1976 veröffentlichten Buch „Hand an sich legen" die Suiziddiskussion auf eine grundsätzliche Weise belebt und auch verändert hat. Seine Thesen lassen sich folgendermaßen zusammenfassen:

(1) Wer abspringt, ist nicht notwendig dem Wahnsinn verfallen, ist nicht einmal unter allen Umständen gestört oder verstört.

(2) Der Hang zum Freitod ist keine Krankheit, von der man geheilt werden muss wie von Masern.

(3) Der Freitod ist ein Privileg des Humanen, d.h. allein der Mensch ist zum Freitod fähig.[274]

(4) Die Freiheit zum Freitod ist als unveräußerliches Menschenrecht zu fordern.[275]

Der Diskurs über den Freitod beginnt für Améry erst dort, wo die Psychologie endet.[276] Er bestreitet die Einsichten der Psychologie oder Soziologie keineswegs.[277] Wenn Améry aber von Freitod spricht, dann meint er die spezielle Situation vor dem Absprung.[278] Wer den Freitod sucht, der bricht aus der Logik des Lebens aus,[279] aus dem „Man muss leben!"[280] Gerade dann,

---

273 Wellhöfer, Peter R., a.a.O., S. 98.
274 Améry, Jean, Hand an sich legen. Diskurs über den Freitod, Stuttgart 1976, S. 40, 52.
275 Améry, a.a.O., S. 62.
276 Améry, a.a.O., S. 27.
277 Améry, a.a.O., S. 117ff.
278 Améry, a.a.O., S. 20.
279 Améry, a.a.O., S. 29ff.
280 Améry, a.a.O. S. 24.

wenn ich in den unerträglichsten Zwängen[281] eingezwängt bin und ich *dann* den Freitod suche, ihn vorbereite *und* durchführe, erfahre ich in diesem Prozess[282] eine Freiheit in einer grenzenlosen Dichtigkeit.[283] Diese Situation vor dem Absprung – noch zwei Stunden, dann lege ich aus eigenem Entschluss[284] Hand an mich; der Sekundenzeiger trottet unermüdlich der Minute der Wahrheit zu[285] – ist der Moment der Freiheit. Es sind drei Aspekte der Freiheit in diesem Augenblick:

(1) In diesem Moment gehöre ich niemandem, allein mir.[286] Es gilt nicht mehr das „Dein Wille geschehe" des christlichen Glaubens, sondern „mein Wille geschehe."[287]

(2) In diesem Moment geschieht eine Freiheit *von* etwas, ohne eine Freiheit *zu* etwas zu sein.[288] Der Freitod ist eine letzte Freiheit, weil das was kommt, ungewiss, ein Rätsel[289] bzw. das Nichts[290] ist.

(3) Der Freitod ist zwar der atemgebende Weg ins Freie, nicht aber dieses Freie selbst. Der Entschluss erhält Freiheitswert oder Befreiungswert allein durch die Tatsache, dass es dem Suizidanten ernst ist mit seiner Sache und nicht nur eine Gedankenspielerei ist.[291]

Die Einwände gegenüber dieser Argumentation kommen entweder von einem deontologischen Standpunkt aus (= Pflicht zum Leben) oder von der medizinisch-psychologischen Seite, welche darauf hinweist, dass der Suizidant durch den Suizid zukünftige Lebensmöglichkeiten irreversibel

---

281 Améry, a.a.O.,S. 79.
282 Améry, a.a.O., S. 129: Freiheit ist ein permanenter Prozess.
283 Améry, a.a.O., S. 91.
284 Améry, a.a.O., S. 91.
285 Améry, a.a.O., S. 98.
286 Améry, a.a.O., S. 100; 105: Gerade auch die psychoanalytischen Theorien gehen an der Grundtatsache vorbei, „dass der Mensch wesentlich sich selbst gehört.": S. 125: „Ich gehöre endlich mir selber."
287 Améry, a.a.O., S. 100.
288 Améry, a.a.O., S. 132.
289 Améry, a.a.O., S. 35.
290 Améry, a.a.O., S. 55.
291 Améry, a.a.O., 144.

verliert.[292] Der Weg ins Freie wird von Améry jedoch niemals romantisch verklärt oder verherrlicht, es ist vielmehr ein Weg in einer großen Absurdität und Widersprüchlichkeit. In der konkreten Seelsorge wirkt sich diese Argumentation folgendermaßen aus: „Wenn mir jemand nachts anruft und mir mitteilt, dass er die Pistole schon auf dem Nachttisch hat, dann sage ich ihm: ‚Ich glaube, dass Sie sich in einer Situation befinden, in der Sie sich am liebsten das Leben nehmen wollen.' Auf keinen Fall versuche ich, ihm sein Vorhaben auszureden, weil ich ihn dann nicht ernst nehme. Ich werde nicht sagen: ‚Machen Sie das bitte nicht, Sie haben doch noch so viel Schönes vor sich...' Zugleich biete ich ihm an, entweder sofort oder morgens um acht Uhr zu ihm zu kommen."

Die Argumentation der Freiheit schafft zunächst eine Gelassenheit, ein Ernstnehmen, eine Unverkrampftheit, welche die Brücke zum Gespräch ist, in dem sich dann zeigen muss, inwiefern der/die therapeutische Fachmann/-frau mit seinen/ihren Interventionen notwendig ist.

Schlussfolgerungen

Die Darstellung und der Vergleich verschiedener Argumente im Rahmen des Suizids zeigen,

(1) dass die moralische Verurteilung des Suizids nicht begründet werden kann;

(2) dass die pathologische Einstufung der Selbsttötung den Suizidanten unter die Fremdbestimmung durch Krankheit rückt;

(3) dass es gute Gründe für einen Suizid geben kann;

(4) dass die Selbsttötung ein Prozess der Freiheit in großer Widersprüchlichkeit und Absurdität ist.

Werden diese Argumente nicht vorab gewertet oder gewichtet bzw. die einen vorab ausgeschlossen, dann ist die Antwort auf die Frage „Soll Selbsttötung im Alter überhaupt verhindert werden?" grundsätzlich offen. Das ist die ethische Perspektive der *Integration*, die in die Diskussion einzubringen ist.

---

292 Kuitert, a.a.O., S. 140, 142.

Dieses Verfahren der Integration wird im Folgenden erläutert und angewendet.

Mitleid, Recht auf den eigenen Tod/Selbstbestimmung, Recht auf Leben/Schutz des Lebens – Integration der Argumente als Grundlage für einen Entscheid

Eine wichtige Aufgabe des ethischen Nachdenkens in der Anwendung der Theorie der ethischen Urteilsfindung besteht darin, die zentralen Argumente in dem entsprechenden Problemfeld zu sichten und möglichst klar darzustellen. Dies geschieht im ersten Abschnitt. Dann kommt im zweiten Abschnitt das Verfahren der Integration zum Zuge, das in seiner Einfachheit entscheidende Auswirkungen auf die ethische Urteilsfindung hat.

Drei Argumente in der Diskussion

In der Diskussion über die Suizidbeihilfe lassen sich drei Argumente unterscheiden, die ich zunächst isoliert darstellen werde:

(1) Mitleid und Liebe

(2) „Recht" auf den eigenen Tod/Selbstbestimmung

(3) „Recht" auf Leben/Schutz des Lebens

(1) Mitleid und Liebe

Immer wieder taucht das Wort Mitleid auf, das als strafmildernde Motivation anerkannt wird.[293] Liebe und Mitleid werden also als hochstehende Motive für die Freitodhilfe und für die Tötung auf Verlangen betrachtet.

Dagegen kann eingewendet werden: Liebe ermöglicht Leben, fördert Leben und vernichtet nicht den Gegenstand der Liebe und damit die Liebesbeziehung und die Möglichkeit ihrer selbst. Ähnliches gilt für das Mitleid: Mitleiden bedeutet das Dabeisein beim Leiden und nicht die Tötung dessen, der Mitleid hervorruft. Der Satz von Augustin „Liebe, und tue dann,

---

293 Im Jahre 1973 hatte eine niederländische Ärztin ihre 78-jährige unheilbar kranke und schwer leidende Mutter auf deren drängende Bitte hin mit einer Überdosis Morphium eingeschläfert. Die Richter verurteilten die Ärztin zu einer symbolischen Haftstrafe von einer Woche auf Bewährung (Hans Grewel, Recht auf Leben. Drängende Fragen christlicher Ethik, Göttingen 1990, S. 63.)

was du willst" (dilige et, quod vis, fac) darf nicht einfach verallgemeinert werden, vielmehr muss immer gefragt werden, inwiefern damit die Verantwortung gegenüber dem menschlichen Leben berührt wird. Insofern können Mitleid und Liebe höchst problematische Motive sein, welche das Handeln in dieser Frage nie vorab rechtfertigen können. Es besteht nämlich die große Gefahr, dass die fehlende Bereitschaft und fehlende Voraussetzungen, die Begleitung und Pflege eines Schwerstkranken zu übernehmen, dadurch kompensiert (ersetzt) wird, dass die Lebenssituation des Leidenden als „nicht lebenswert" deklariert und die Tötung als ein Akt der Menschlichkeit und des Mitleids gerechtfertigt wird. Das heißt dann: Tötung aus Mitleid steht in der Gefahr, Tötung aus verweigertem Mit-Leiden zu sein.[294] Der englische Begriff „mercy killing" bringt die Zweischneidigkeit des Tötens aus Mitleid auch sprachlich gut zum Ausdruck: Gnadenhaftes Killen oder barmherziges Killen ist sprachlich bereits eine Unmöglichkeit.

Trotz dieser bzw. wegen dieser kritischen Betrachtung von Liebe und Mitleid als Begründung der Freitodhilfe sind beide hochstehende Motive und Grundhaltungen bei der Beihilfe zum Freitod. Nur wer einen Menschen wirklich liebt, ist in der Lage, diese Beihilfe zu leisten und auch zu verantworten.[295]

---

294 s. Hans Grewel, Recht auf Leben, a.a.O., S. 71. Siehe auch: Klaus Dörner, Tödliches Mitleid, Gütersloh 1989; drs. Tödliches Mitleid, in: Das Recht auf den eigenen Tod, hrsg. Von Johann-Christoph Student, Düsseldorf 1993, S. 31-43.

295 Am Freitagmorgen (9.2.96) hat ein 74jähriger Mann seine todkranke Lebenspartnerin im Inselspital mit einer Schusswaffe getötet. Wie können wir dieses Geschehnis - wenn überhaupt - begreifen?

Die Pressemitteilung spricht von einem „Akt der Nächstenliebe". Auf den ersten Blick „begreifen" wir diese Tat. Gleichzeitig löst sie ein tiefes Erschrecken in uns aus. Wir werden zum Nachdenken herausgefordert:

Liebe ermöglicht Leben, fördert Leben und vernichtet nicht die geliebte Person, damit die Liebesbeziehung und die Möglichkeit ihrer selbst. Ähnliches gilt für das Mitleid: Mitleiden bedeutet das Dabeisein beim Leiden und nicht die Tötung dessen, der Mitleid hervorruft. Der Satz von Augustin „Liebe, und tue dann, was du willst" (dilige et, quod vis, fac) darf nicht einfach verallgemeinert werden. Bei Liebe und Mitleid besteht nämlich die große Gefahr, dass die fehlende Bereitschaft und fehlende Voraussetzung, die Begleitung und Pflege eines Schwerstkranken zu übernehmen, dadurch ersetzt wird, dass die Lebenssituation des Leidenden als „nicht lebenswert" erklärt und die Tötung als ein Akt der Nächstenliebe und des Mitleids gerechtfertigt wird. Das heißt dann: Tötung aus Mitleid kann eine Tötung aus verweigertem oder nicht ertragbarem Mit-Leiden sein. Der englische Begriff „mercy killing" (gnadenhaftes/barmherziges Töten) bringt deshalb - Gott sei Dank - unser Denken und Fühlen zutiefst durcheinander.

Können wir dieses Geschehnis begreifen?

Mitleid und Liebe, das scheint mir ganz wichtig zu sein, können deshalb niemals als Begründung für ein solches Töten herangezogen werden; sie können höchstens als Motive das Handeln dieses Mannes erklären. Als Außenstehende werden wir mit Erschütterung, einem innerlichen Erschauern und Erzittern registrieren,

(2) „Recht"[296] auf den eigenen Tod/Selbstbestimmung

Humanes Sterben ist bei EXIT gerade auch ein Sterben durch ärztliche Freitodhilfe. Ethisch begründet wird diese durch das „Recht auf den eigenen Tod". Das freie Verfügungsrecht des Menschen über sein Leben und seinen Tod ist das Grundprinzip bei EXIT. Zur Absicherung der Freitodhilfe gewährenden Ärzte sollte der Einzelne eine entsprechende Freitodverfügung – EXIT hat dazu ein Formular ausgearbeitet – anfertigen, in dem deutlich der eigene Wille zur Ermöglichung der Selbsttötung zum Ausdruck kommt. Wichtig ist also der Wille des Einzelnen und man spricht in diesem Zusammenhang von „Voluntas aegroti suprema lex" (Der Wille des Kranken ist das höchste Gesetz) und meint damit, dass der Wille des Patienten und nicht das, was der Arzt als dessen „Heil" ansieht, das ärztliche Handeln leiten solle. In diesem zwischen Ärzten und Juristen heftig diskutierten „Gesetz" kommt eine tiefe Achtung vor dem einzelnen Menschen und keinesfalls eine rechthaberische Selbstbestimmungsideologie zum Ausdruck.[297] Gerade auch für den/die TheologIn enthält das „Recht auf den eigenen Tod" ein begründetes Grundanliegen – kein Recht im juristischen Sinne – ethischer Reflexion. Wohl ist das Leben aus theologisch-ethischer Sicht für den Menschen eine anvertraute Gabe und nicht sein Besitz, über den er beliebig verfügen kann. Auch ist er angehalten, seinen Glauben und seine Hoffnung auch im Leiden zu bewähren, die Spannung zwischen dem von Gott verheißenen Heil und dem gegenwärtig erfahrenen Unheil durchzuhalten (Röm 5,1ff.) und darauf zu vertrauen, dass er im Glauben an Jesus Christus nicht an seinem Leiden verzweifelt. Gleichzeitig kann die Hoffnung auf die Vollendung des Daseins bei Gott auch dazu befreien, das Todesgeschick

---

zu was Liebe auch fähig sein kann. Oder noch provokativer und paradoxer gesagt: Allein die Liebe, wie sie Paulus in 1. Korinther 13 beschreibt, kann zu einer solchen Tat nötigen...Der christliche Glaube gründet sich in einer solchen paradoxen Liebe: Am Kreuz von Jesus hat die Liebe Gottes zu den Menschen ihren Höhepunkt erreicht. Eine solche Liebe stellt jedoch immer auch Fragen und Forderungen nach „anderen" Wegen in solch schwierigen Lebenssituationen, sie wird gleichzeitig und radikal Verurteilungen von sich weisen, uns zutiefst nachdenklich und demütig machen und uns auf jeden Fall und ohne Ausnahme an die Seite dessen stellen, der so gehandelt hat und nun mit dem Sinn seines Lebens ringt.

296 Kein Rechtsanspruch, der eingeklagt werden kann, jedoch eine ethische Verbindlichkeit! Deshalb in Anführungszeichen.

297 s. Albin Eser, Lebenserhaltungspflicht und Behandlungsabbruch aus rechtlicher Sicht, in: Alfons Auer u.a., Zwischen Heilauftrag und Sterbehilfe, Köln u.a. 1977, S. 99.

anzunehmen (2. Kor 5,1ff.; Phil 1,20ff.), nicht verzweifelt am Leben zu hängen, sondern es loszulassen. Als Geschöpf Gottes darf der Christ wohl nicht eigenmächtig über die Sinnhaftigkeit des Lebens verfügen, „sondern er muss prüfen (Röm 12,2; Eph 5,10), welche Entscheidung Gottes Willen und der ihm von Gott aufgegebenen Lebensbestimmung entspricht."[298] Zur Geschöpflichkeit des Menschen gehört die Freiheit (Autonomie), sein Leben loslassen zu dürfen und es der Hand Gottes zu übergeben, aus der er es erhalten hat. Eine Prüfung im Geiste Gottes kann zu der Einsicht führen, im Gottes Namen sein Leben zu beenden.

(3) „Recht" auf Leben/Schutz des Lebens

Das Recht auf Leben meint die körperliche und geistige Unversehrtheit menschlichen Lebens und dessen Unverfügbarkeit. Dieses Recht auf Leben, welches philosophisch wie theologisch begründet werden kann, ist ein Grundsatz unserer Rechtsordnung. Die theologische Argumentation lautet: Weil Gott dem Menschen das Leben gegeben hat (heilstheologische Aussage), ist das Leben eine zu bewahrende Gabe (normtheoretische Aussage).[299] Der Mensch darf über das Leben als eine Leihgabe nicht verfügen, sondern muss dieses bewahren, schützen und heilen. Weder Krankheit, geistiger oder körperlicher Zerfall können die Unverfügbarkeit menschlichen Lebens aufheben. So gilt: Es gibt nur eine Hilfe im und beim Sterben, aber keine Hilfe zum Sterben. Deshalb gilt für das ärztliche Handeln der Lehrsatz „Salus aegroti suprema lex esto" (dem Wohl des Kranken gilt die ärztliche Sorge).[300] Eine Hilfe zur Selbsttötung ist somit unter der alleinigen Perspektive des Lebensschutzes ethisch nicht zu rechtfertigen. Bei dieser Forderung nach Recht auf Leben handelt es sich also keinesfalls um ein spezifisch theologisches Sonderethos, vielmehr ist der Schutz des Lebens eine allgemein und universal gültige Rechtsnorm.

---

298 Ulrich Eibach, Sterbehilfe. Tötung auf Verlangen? Wuppertal 1988, S. 112.

299 Hier soll noch darauf hingewiesen werden, dass in der ethischen Diskussion ausgeführt wird, dass es unmöglich ist, aus der heilstheologischen Aussage „Gott ist der Schöpfer allen Lebens" die normtheoretische der Nicht-Verfügbarkeit des leiblichen Lebens abzuleiten (s. Adrian Holderegger, Die Verantwortung vor dem eigenen Leben: Das Problem des Suizids, in: Handbuch der christlichen Ethik Bd. 3, hrsg. von A. Hertz u.a., Freiburg i.Br. u.a. 1982, S. 273ff.).

300 s. Hermann Ringeling, Handlungsfähigkeit - Leidensfähigkeit. Medizin und Menschenbild, in: Zeitschrift für Evangelische Ethik, Heft 3/1986, S. 254ff.; drs., Leben im Anspruch der Schöpfung. Beiträge zur Fundamental- und Lebensethik, Freiburg i.Ue und Freiburg i.Br. 1988.

Die Integration der drei Argumente

Drei Argumente lassen sich unterscheiden: Mitleid, „Recht" auf den eigenen Tod/Selbstbestimmung, Recht auf Leben/Schutz des Lebens. In der Diskussion ist nun Folgendes zu beobachten: Die eine Gruppierung beruft sich auf das Mitleid und befürwortet z.B. die aktive Euthanasie oder die Freitodhilfe. Eine zweite Gruppe beruft sich auf das Recht auf den eigenen Tod und kann somit ebenfalls die Feitodhilfe und die aktive Euthanasie befürworten. Dagegen beruft sich die dritte Gruppe auf das Recht auf das Leben und lehnt beides ab. Das Problem dabei ist, dass jeweils ein Argument verabsolutiert und das andere vernachlässigt wird. Der integrative ethische Ansatz dagegen sagt:[301]

Das Selbstbestimmungsrecht des Menschen ist genauso wichtig wie das Recht auf das Leben. Das bedeutet: Wir dürfen niemanden verurteilen, der aufgrund eines großen Leidens und großer Schmerzen sagt, dass er seine Lebenssituation nicht mehr als sinnvoll erfährt und weder die Kraft noch den Willen aufbringt, dieses sein Leben zu leben. Gleichzeitig gilt, dass das Leben das kostbarste Gut ist, und dass es niemals ein lebensunwertes Leben gibt.

Die drei Argumentationen sind in sich stimmig und sind als gleichgewichtig zu betrachten. Die Probleme beginnen jedoch bei deren isolierter Handhabung: Wird das Selbstbestimmungsrecht verabsolutiert, so wird die Unversehrtheit des Lebens in Frage gestellt. Umgekehrt findet der Wille des Einzelnen keine Beachtung. Beides, die Unversehrtheit des Lebens wie der Wille des Einzelnen sind jedoch ethisch grundlegende Werte. Deshalb sind die drei Argumentationen in eine nicht auflösbare Beziehung zu setzen, womit ein Spannungsfeld entsteht, innerhalb dessen die Frage nach dem Sterben durch die Hilfe bei der Selbsttötung zu stehen kommt:

---

301 Im Folgenden werde ich diese drei Argumente miteinander in Beziehung setzen und auf dieser Integration/Relationalität beharren. Dabei weiß ich um die Unterscheidung, die Markus Zimmermann-Acklin, Töten oder Sterbenlassen. Auseinandersetzung mit grundlegenden ethischen Denkfiguren der gegenwärtigen Euthanasiediskussion, in: Wie menschenwürdig sterben? Zur Debatte um die Sterbehilfe und zur Praxis der Sterbebegleitung, hrsg. Von Matthias Mettner, Zürich 2000, S. 51-69, gemacht hat: Selbstbestimmung und Recht auf Leben situiert er auf der Ebene der Prinzipien, das Mitleid auf der Ebene der sozialen Prozesse. Aufgrund dieser Zuordnung könnte das Mitleid als weniger wertig betrachtet werden. Wird jedoch das Mitleid positiv als zentrale ethische Instanz (Kräfte und Vermögen im Menschen) bestimmt (Walter Schulz, Philosophie in der veränderten Welt, Pfullingen 1972, S. 748ff.), dann ist es legitim, auch das Mitleid als ein zentrales Argument zu betrachten.

Graphik: Die Integration der drei Argumente

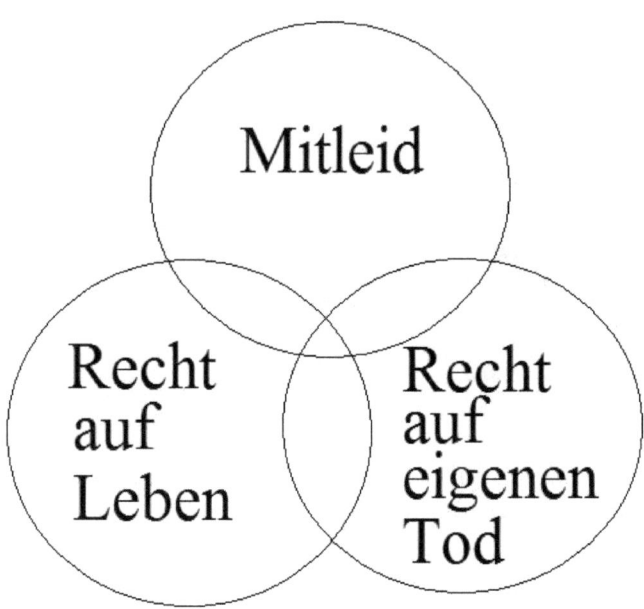

Diese Integration verhindert die Verabsolutierung des einen oder anderen Argumentes. Jede Gruppe, die dies aus für die jeweilige Gruppe einsichtigen Gründen tut, kommt jedoch genau damit in eine Begründungsnot, weil sie das andere Argument als minderwertiger einschätzen muss. Die Integration heißt: Die jeweiligen Positionen verlieren ihren absoluten normativen Wahrheitsanspruch, das Gegenargument muss berücksichtigt werden, der Entscheid wird komplizierter, neue Wege der Argumentation müssen gesucht werden, es eröffnen sich andere Lösungen des Problems, die allen drei Argumenten gerecht werden.

„Theologisch"-ethischer Exkurs:

Diese Einsicht, ein solches Spannungsfeld zu erzeugen, ergibt sich über den Begriff der Geschöpflichkeit. Geschöpflichkeit bedeutet das Geschaffensein des Menschen in der Freiheit von sich selbst, also eine Selbständigkeit und Freiheit des Menschen nicht primär in einem Verhalten zu sich selbst, sondern zu einem andern. Paulus nennt diese geschöpfliche Freiheit „Gesetz des Geistes" (Röm 8,2), das den Menschen von dem Gesetz der Sünde und des Todes befreit, d.h. ihn frei macht von dem Zwang, „zu tun, was ich nicht will, und nicht zu tun, was ich will" (Röm 7,15).[302] Geschöpflichkeit ist eine Autonomie in Beziehung, die Freiheit des Menschen ist eine relationale: Die von Gott geschenkte Freiheit des Menschen, sein Leben selbst und mit eigener Hand beenden zu können, steht im Kontext des Willen Gottes, das Leben als Gabe Gottes zu erhalten. Das eine schließt das andere nicht aus, vielmehr gehört es zur Geschöpflichkeit des Menschen, das autonome *Beenden* des Lebens mit der *Erhaltung* des Lebens zusammenzudenken. Bestätigt wird dieser Gedankengang durch die Rede von der Gottebenbildlichkeit des Menschen, welche zur Geschöpflichkeit des Menschen wesentlich gehört, „womit nicht nur Unverletzlichkeit und Würde des Menschen, Gleichheit aller, Unverfügbarkeit und Freiheit voreinander, sondern auch Eigenständigkeit und Eigenverantwortlichkeit menschlichen Seins und Handelns ihre Begründung erfahren."[303] Das ist die Verantwortlichkeitsstruktur der geschöpflichen Freiheit, welche eine isolierte normlogische Betrachtung (ein Prinzip wird entscheidend) übersteigt und eine kommunikativ-integrative (die Argumente werden relational) verlangt.

Es wäre also grundfalsch, die Selbsttötungshilfe-Problematik durch einen einseitigen Bezug auf das erste oder zweite Argumentationsmodell „lösen" zu wollen. Das Ergebnis wäre entweder ein Ja oder ein Nein. Vielmehr ist diese Thematik in das Beziehungsfeld hineinzustellen, welches durch die drei „Argumente" gebildet wird. Vorschnelle Ablehnungen bzw. Befürwortungen werden damit verunmöglicht, der bloße Verweis auf eine Norm erweist sich

---

302 Walter Kern/Christian Link, Autonomie und Geschöpflichkeit, in: Christlicher Glaube in moderner Gesellschaft Bd. 18, Freiburg u.a.1982, S. 135f. (101-148)
303 Adrian Holderegger, Suizid und Suizidgefährdung. Humanwissenschaftliche Ergebnisse. Anthropologische Grundlagen, Freiburg i.Ue und Freiburg i.Br. 1979, S. 299.

als ethisch reduktionistisch und muss versagen. Genau dadurch wird dann der ethische Entscheid prozesshaft, iterativ, argumentativ, dialogisch ganzheitlich und schlussendlich wahrhaft menschengerecht. Nicht bloß eine abstrakte, von der konkreten Wirklichkeit isolierte und abgehobene Norm wird handlungsleitend, sondern gleichfalls der konkrete Mensch mit seinem unverwechselbar eigenen Fühlen, Denken und Leiden.[304]

Drei Grundhaltungen: Verbot, Erlaubnis, Anspruch

Nach der Forderung der Integration der drei Argumente kann ein möglicher Entscheid durch die Unterscheidung von drei Grundhaltungen weiter vorbereitet werden. Dabei lassen sich diese drei Grundhaltungen den entsprechenden „Institutionen" zuordnen:

(1) Die Verbotshaltung in Bezug auf Suizidbeihilfe

Grundsatz: Sterbehilfe im Sinne einer Tötung auf Verlangen widerspricht dem ärztliches Ethos und ist grundsätzlich verboten. Es gibt für dieses Verbot keine Ausnahme. Zentral ist die Begleitung im Sterben, die Linderung des Leidens.

Wer? Standesordnung der Ärzte, Richtlinien der SAMW, Caritas.

Probleme: Zu welchen abstrusen Handlungen oder Techniken ein Verbot führen kann, zeigt die Praxis des umstrittenen amerikanischen Arztes Jack Kevorkian (als Dr. Death bekannt), der eine „suicide machine" entwickelt hat, um so die Finalhandlung des Tötens einer Maschine zu überantworten. Das Leiden kann bei diesem Modell verherrlicht werden. Der Wille der PatientenInnen wird nicht beachtet. Es gibt keine Respektierung einer möglichen „frei"verantwortlichen Selbsttötung.

---

304 Hinter diesen Überlegungen steht die Unterscheidung von deontologischer (déon: die Pflicht) und teleologischer Ethik (télos: Ziel, Zweck). Die rein deontologische Argumentation bringt zum Beispiel den Grundwert des Lebens unmißverständlich zur Sprache, während die teleologische bei der Vielschichtigkeit der konkreten Situation ansetzt und diese im Lichte von ethischen Perspektiven interpretiert. Der Vorgang des in Beziehung-Setzens von „Recht auf den eigenen Tod" und „Recht auf Leben" setzt die Diskussion um eine deontologische Teleologie voraus (s. Franz Furger, Was Ethik begründet. Deontologie oder Teleologie - Hintergrund und Tragweite einer moraltheologischen Auseinandersetzung, Zürich u.a. 1984, S. 49ff.).

(2) Die Erlaubnis-Ausnahmehaltung mit dem Verbot der aktiven Sterbehilfe

Grundsätze: Die Verleitung und Beihilfe zum Suizid wird bestraft, wenn dies aus selbstsüchtigen Beweggründen geschieht. Wenn nicht, ist die Beihilfe zum Suizid straffrei (StGB Art. 115).

Wer? Juristisch-ethische Position der Selbstverantwortung unter der Bedingung der Ausnahme.[305]

Probleme: Die Sicherung des Lebensschutzes kann die Selbstbestimmung dominieren. Sind eigennützige Motive wirklich erkennbar? Macht von Sterbehilfeorganisationen? Ist der Wille des Einzelnen wirklich feststellbar und welche Gültigkeit hat dieser über die Zeit?

(3) Die Anspruchshaltung mit der Möglichkeit der aktiven Sterbehilfe

Grundsätze:

(a) Die Stufenfolge – palliative Sterbehilfe, Freitodhilfe, aktive Sterbehilfe – muss unbedingt eingehalten werden (= Dreistufenkonzept).

(b) Verbleiben trotz der auf Schmerzlinderung ausgerichteten Medikamentierung unerträgliche Schmerzen und Leiden, so kann ich an einer kompetenten Stelle Anspruch auf Freitodhilfe erheben.

(c) Bin ich nicht mehr körperlich in der Lage, die Freitodhilfe selber umzusetzen, so erhebe ich, wenngleich ich geistig nicht mehr zu dieser Willensäußerung fähig bin (und ich mich z.B. in einem chronisch vegetativen Zustand befinde), Anspruch auf medizinisch kompetent durchgeführte aktive Sterbehilfe.

(d) Erlaubt ist eine auch von Nicht-Ärzten praktizierte Selbsttötungshilfe (gegen das Holland Modell, für Non Physician Assisted Suicide).

Wer? Sterbehilfeorganisationen, welche die Beihilfe zum Suizid bereits anbieten und durchführen.

---

305 siehe auch Albert Eser, Möglichkeiten und Grenzen der Sterbehilfe aus der Sicht eines Juristen, in: Walter Jens/Hans Küng, Menschenwürdig sterben. Ein Plädoyer für die Selbstverantwortung, München 1995, S. 177-180 (S. 1159-182).

Probleme: Rechtsklarkeit für alle Betroffenen? Konflikte und Streitigkeiten, wie sie bei den Sterbehilfeorganisationen vorhanden sind. Gefahr, dass der Vorrang der Lebenserhaltung „In dubio pro vita" aufgegeben wird. Schutzwürdigkeit des Lebens wird aufgegeben. Der Wert des Lebens wird konjunktur- und budgetabhängig. Vorrang der Hilfe *im/beim* Sterben gegenüber der Hilfe *zum* Sterben?

Mit diesen drei unterschiedlichen Haltungen werden Wege skizziert, die bei der Suizidbeihilfe gegangen werden können. Bei der Verbotshaltung ist die Beihilfe zum Suizid ausgeschlossen, was mit Bezug auf die Integration bedeutet, dass der Selbstbestimmung des Einzelnen keine Bedeutung zugemessen wird. Bei der Anspruchshaltung besteht eine Dominanz der Selbstbestimmung, welche dazu führen kann, dass der Schutz des Lebens in Gefahr gerät. Prima vista erhält die Erlaubnis-Ausnahme-Haltung eine gewisse Vorzugswürdigkeit in Bezug auf die Integration der drei Argumente.

Urteilsentscheid

Nach der Problemsichtung, den grundsätzlichen Überlegungen zum Suizid, der Forderung nach Integration der drei Argumente (Mitleid, Recht auf den eigenen Tod, Recht auf Leben) und den drei Grundhaltungen (Verbot, Erlaubnis, Anspruch) kann jetzt der Urteilsentscheid durchgeführt werden, der in verschiedenen Schritten erfolgt:

Fälle und Situationen – Die slippery slope als große Gefahr

Die folgenden Fälle, die in der Literatur immer wieder erwähnt werden, zeigen die große Ambivalenz des Problemfeldes der „Sterbehilfe":

1. Fall

Im Jahr 1973 hatte eine niederländische Ärztin ihre 78-jährige unheilbar kranke und schwer leidende Mutter auf deren drängende Bitte hin mit einer Überdosis Morphium eingeschläfert. Die Richter verurteilten die Ärztin zu einer symbolischen Haftstrafe von einer Woche auf Bewährung.[306]

---

[306] s. Hans Grewel, Recht auf Leben. Drängende Fragen christlicher Ethik, Göttingen 1990, S. 63.

2. Fall

Prof. Haemmerli, Chefarzt des Zürcher Stadtspitals Triemli wurde im Januar 1975 angeklagt, unheilbar und chronisch Kranken und bewusstlosen Patienten in aussichtslosen Fällen bei der künstlichen Ernährung die lebenswichtigen Nährstoffe verringert oder entzogen und nur noch Flüssigkeit gegen das Durstgefühl verabreicht zu haben. Nach einstweiliger Suspendierung wurde Haemmerli jedoch wieder in sein Amt eingesetzt, und das Verfahren wurde im Juli 1976 eingestellt.[307]

3. Fall

Der deutsche Arzt Julius Hackethal verhilft 1983 der unheilbar krebskranken, schwer entstellten und von unerträglichen Schmerzen gepeinigten Hermy Eckert mit einer Dosis Zyankali zum Suizid.[308] Die Beihilfe zum Suizid ist, wenn sie nicht aus selbstsüchtigen Motiven erfolgt, straffrei. Die Organisation EXIT leistet in der Schweiz bei sterbewilligen Menschen Freitodhilfe.

4. Fall

Die ehemalige Krankenschwester Michaela Roeder (30) hat vor dem Landgericht in Wuppertal (Nordrhein-Westfalen) ein umfangreiches Geständnis begonnen. Sie ist angeklagt, 17 Patienten auf der Intensivstation eines Spitals tödlich wirkende Spritzen gegeben zu haben.

Zu einer 77-jährigen Patientin, die am 5. Februar 1986 starb, hatte Michaela Roeder nach eigenen Angaben ein besonders enges Verhältnis. Die Frau soll ihr nahegelegt haben, ihr zu „helfen", falls sie nach einer weiteren Operation wieder auf die Intensivstation müsse. Auf ihre ausdrückliche Bitte habe sie der Patientin ein blutdrucksenkendes Mittel in Kombination mit dem die Herztätigkeit lähmenden Kaliumchlorid in die Vene gespritzt: „Dabei hatte ich den Gedanken, die Frau zu erlösen, nicht, sie zu töten", sagte Michaela Roeder. Zu dem Fall einer 76-jährigen Patientin, die am 7. Januar 1986 starb, sagte M. Roeder, „sie habe die ‚grauenvollen' Wiederbelebungsmaßnahmen,

---

307 s. Franz Furger/Kurt Koch, Verfügbares Leben? Freiburg CH 1978, S. 31. Die „politischen" Hintergründe dieses Falles werden hier nicht erwähnt.
308 s. Julius Hackethal, Humanes Sterben. Mitleidstötung als Patientenrecht, München 1988.

die wegen einer plötzlichen Gesundheitsverschlechterung notwendig waren, nicht mehr ertragen können und durch die Injektion abgebrochen."[309] Michaela Roeder wurde zu elf Jahren Haft wegen neun Patiententötungen auf der Intensivstation verurteilt, wobei das Gericht das Mitleid als subjektive Grundhaltung als strafmildernd berücksichtigte.[310]

5. Fall

Eine Richterin Anfang 1991 in den USA (Michigan, Pontiac) hat den Gebrauch einer Selbstmordmaschine verboten, die von einem Arzt als Sterbehilfe für todkranke Patienten entwickelt worden war. Eine an der Alzheimer-Krankheit leidende Patientin hat sich mit der Todesmaschine umgebracht, die mittels eines einfachen Knopfdruckes tödliche Substanzen injiziert. Der Wunsch nach Tötung auf Verlangen wurde hier mit Hilfe einer Maschine erfüllt.[311]

6. Fall

Eine französische Krankenschwester ist wegen aktiver Sterbehilfe im April 1999 verhaftet worden. Die 29-Jährige soll nach den bisherigen Ermittlungen in einer Klinik des Pariser Vorortes Mantes-La-Jolie etwa 30 Patienten getötet haben. Ein Haftbefehl wurde aufgrund des Buches der Krankenschwester „Meine Geständnisse" („Mes aveux") erlassen. Die französische Rechtssprechung setzt bisher aktive Sterbehilfe mit vorsätzlicher Tötung und passive Sterbehilfe mit unterlassener Hilfeleistung gleich.[312]

7. Fall

Der umstrittene Sterbearzt Jack Kevorkian/USA ist wegen vorsätzlicher Tötung zu einer Haftstrafe von zehn bis 25 Jahren verurteilt worden. Im Herbst 1998 hatte er dem unheilbar kranken Thomas Youk eine tödliche Substanz verabreicht, er filmte den Vorgang und übergab das Video dem

---

309 Der Bund, 13.1.1989, S. 48; Spiegel 2/89, S. 52ff.
310 s. Adolf Holl (Hrsg.), Neues vom Tod. Heutige Umgangsformen mit dem Sterbenmüssen, Wien 1990, S. 37. s. auch den den Prozeß in Wien gegen die Krankenschwester Waltraud Wagner, die zehn Tötungen im Spital zugegeben hat.
311 s. Berner Oberländer 7.2.91, S. 2.
312 Bund 15.4.1999, S. 48.

Fernsehsender NBC, welcher die Aufnahmen ausstrahlte. Die Staatsanwaltschaft des Bundesstaates Michigan klagte den Arzt danach wegen Mordes an und erreichte Ende März 1999 vor einem Geschworenengericht einen Schuldspruch – allerdings „nur" wegen vorsätzlicher Tötung (nicht Mord. Der Kongress beschäftigt sich zu der Zeit mit einer Vorlage (1999), die „Sterbehilfe" (passive, aktive; Tötung auf Verlangen) verbieten will.

8. Fall

Ein Sterbehelfer aus Baar wurde von einem Zuger Einzelrichter wegen Tötung auf Verlangen zu sechs Monaten Gefängnis bedingt verurteilt. Der Mann hatte im Dezember 1998 einer Frau – EXIT-Mitglied – mit Schlafmittel und Plastiksack beim Freitod geholfen. Die ebenfalls anwesende Tochter schickte der Sterbehelfer vorher auf einen Spaziergang. Bei ihrer Rückkehr war sie entsetzt über den Anblick ihrer Mutter und forderte die sofortige Entfernung des Plastiksackes. Die Mutter starb später trotzdem. Die Sterbehilfeorganisation EXIT bestätigte am 29. Dezember 2000 einen entsprechenden Bericht im TA. Der Verurteilte war EXIT-Mitglied. Er wurde von EXIT umgehend suspendiert, sein Vorgehen als unwürdig kritisiert.[313]

9. Fall

Ab Januar 2001 ist in den Alters- und Pflegeheimen der Stadt Zürich die Beihilfe zum Suizid nicht mehr untersagt. Damit hat der Stadtrat ein Verbot der Suizidhilfe aus dem Jahre 1987 aufgehoben. Das heißt, dass in Zukunft in Zürcher Altersheimen Suizid unter bestimmten Bedingungen unter Beizug einer Sterbehilfeorganisation möglich ist.

Diese Beispiele zeigen, dass Sterbehilfe als Beihilfe zum Suizid praktiziert wird, dass dabei die Würde des Menschen auf grausame Weise zerstört wurde, dass aber auch sogenannte hochstehende Motive eine wichtige Rolle spielen konnten. Es ist ethisch auch zulässig, bedeutsam und notwendig, historische Erfahrungen mit der Euthanasie (NS-Regime) im Sinne einer Heuristik der grenzenlosen Ehrfurcht vor dem Leben aufzunehmen. Von daher ergibt sich für den ethischen Urteilsentscheid die allergrößte Sorgfaltspflicht und Vorsicht. Missbräuche sind möglich, sie werden bei

---

313 So Der Bund, 30.12.2000, S. 1.

ambivalenten Handlungsmöglichkeiten nicht zu verhindern sein, weil menschliches Handeln immer einen Freiheitsraum besitzt.

Umfrageergebnisse

Es werden immer wieder Umfragen gemacht, die zeigen, wie die Bevölkerung über die aktive Sterbehilfe bzw. über die Beihilfe zum Suizid denkt:

(1) Aktive Sterbehilfe in der Meinung der Bevölkerung

Eine Mitte Januar 1989 im Auftrag der Zeitschrift „L'Illustré" durchgeführte repräsentative Untersuchung in der deutschen und welschen Schweiz ergab auf die Frage „Wenn Sie unheilbar krank wären und unter großen Schmerzen litten, würden Sie Ihren Arzt bitten, Ihre Leiden abzukürzen (aktive Sterbehilfe)?" die folgenden Antworten:

59% Ja, 24% Vielleicht und 17% Nein.

Auch wenn Umfragen gerade auf diesem Gebiet des Sterbens und Leidens mit einer kritischen Distanz betrachtet werden müssen, deuten diese doch tendenziell darauf hin, dass die aktive Sterbehilfe in einem hohen Masse zu einer vertretenen ethischen Überzeugung geworden ist.

(2) Beihilfe zum Suizid

In der Arena Umfrage vom 7. April 1995 sprach sich eine große Mehrheit für die Beihilfe zum Suizid aus: „Ein erstaunlich deutliches Resultat", meinte Arena Leiter Filippo Leutenegger. Hier die Zahlen auf die Frage „Befürworten Sie Beihilfe zum Freitod?": 72% Ja, 28% Nein.

Aufgrund dieser Zahlen könnte man sagen, dass die Beihilfe zum Suizid mehrheitsfähig und deshalb ethisch zu befürworten sei. Ethische Reflexion warnt jedoch ausdrücklich davor und verbietet es, aus dem Faktischen unmittelbar normative Regeln abzuleiten, auch wenn es zweifelsohne eine normative Kraft des Faktischen gibt. Auch die Tatsache, dass in Zürich bereits die Suizidhilfe in Altersheimen zugelassen ist (s. o. Fall 9), darf nicht dazu führen, unmittelbar aus dieser Tatsache eine Norm für den Kanton Bern abzuleiten! Grundsätzlich gilt deshalb: Aus Tatsachen darf kein Sollen abgeleitet werden!

Die Entstehung und Einschätzung von EXIT

Eingangs habe ich bereits angedeutet, dass für den Urteilsentscheid die Einschätzung der Sterbehilfeorganisationen grundlegend ist. Deshalb werde ich im Folgenden eine würdigend-kritische Einschätzung von EXIT versuchen:

(1) Entstehung:

Am 3. April 1982 wurde in Zürich die „Vereinigung für humanes Sterben" unter dem Namen EXIT gegründet. Die Tatsache, dass sich zwischen Ende 1986 und Ende 1987 in 12 Monaten die Zahl der Mitglieder in der Deutschschweiz von 14 000 auf gut 25 000 erhöhte, am 1. Dezember 1989 bereits die Mitgliederzahl 43 135 erreicht hat, zeigte ein großes *Interesse/Bedürfnis* an dieser Organisation für humanes Sterben bzw. für deren Ziele.

(2) Woher kommt dieses „Bedürfnis"?

Durch den enormen medizinischen Fortschritt kann ein schwerkranker und leidender Mensch oft noch lange am Leben erhalten werden. Wenn man erfahren hat, dass ein Arzt den Angehörigen nach dem Tod ihrer Mutter mitgeteilt hat, dass bei diesem Hirntumor eigentlich keine Heilung bestand, dann verstehen wir die Reaktion der Angehörigen: „War unsere Mutter nur ein Objekt von Experimenten, um Operationen üben zu können?" Die folgende Aussage scheint deshalb richtig zu sein, wonach „kraft des Vermögens heutiger Medizin der Heilauftrag des Arztes in einen *Terror der Humanität*, in den Frevel des Inhumanen umzuschlagen droht."[314] Man muss also zunächst einmal davon ausgehen, dass die Institution EXIT mit ihren Zielen den *„Terror der Humanität"* kritisch im Blickfeld hat. Die Ziele von EXIT sind deshalb:[315]

(1) das freie Verfügungsrecht des Menschen über sein Leben,

(2) das Selbstbestimmungsrecht des Kranken,

---

314 Helmut Thielicke, Theologische Ethik Bd. 2/Teil 1, Tübingen 1986/5. Auflage, S. 250.
315 Exit Statuten Art. 2/Stand 1998, Beobachter Ratgeber Patientenrecht Zürich 1998, S. 316.

(3) das Recht des Menschen auf einen humanen Tod,

(4) Freitodhilfe für sterbewillige Schwerstkranke.

Mit EXIT wurden und werden *Fragen* gestellt, die oftmals tabuisiert werden. Z.B.: Will ich eine Patientenverfügung unterschreiben und welche wähle ich aus? Insofern ist EXIT eine für unsere Zeit und Gesellschaft wichtige Institution und Organisation. Es besteht in der öffentlichen Diskussion die Gefahr, dass EXIT entweder geradezu fanatisch verteidigt oder ähnlich scharf abgelehnt wird. Wichtig wäre eine gelassene, umsichtige Haltung und Einstellung gegenüber EXIT. Wichtig ist es deshalb, auf die Fragen einzugehen, die mit Tod und Sterben einhergehen und eine Sterbekultur zu entwickeln, welche ein Sterben in Würde ermöglicht.

(3) Die Praxis in Zahlen

EXIT zählte 1998 gegen 70 000 Mitglieder. Die Geschäftsleitung erhält monatlich um die 1000 Anrufe rund um die Sterbeproblematik. Etwa 30 Anfragen beziehen sich auf die Freitodbegleitung. Rund zehn sterbewillige unheilbar kranke Menschen werden von EXIT im Monatsdurchschnitt in den Tod begleitet.[316] In der Schweiz sterben jährlich rund 65 000 Menschen. Rund 200 Selbsttötungshilfen jährlich werden unter den hauptsächlich aus dem Raume Zürich stammenden 60 000 Mitgliedern praktiziert. Der tatsächliche Bedarf für diese Dienstleistung wird auf 1% der Mitglieder, also rund 600 geschätzt.[317]

Nach dieser würdigenden Darstellung von EXIT sollen die Institutionen, die Freitodhilfe anbieten, einer kritischen Betrachtung unterzogen werden. Damit möchte ich darauf hinweisen, dass die Freitodhilfe einen eminent sozialethisch-institutionellen Aspekt hat.

Der aggressive Umgang von „EXIT" mit dem Tod:

In vielen Ländern, in denen es EXIT-Organisationen gibt, ist oftmals festzustellen, dass auf eine eigenartige aggressive Art und Weise dieses Thema des Sterbens behandelt wird. So war zum Beispiel in der BRD ein

---

316 Stand 1998, Beobachter Ratgeber Patientenrecht, Zürich 1998, S. 331.
317 Harri Wettstein, Vortrag auf dem Symposium Medizin und Ethik, Davos 4.-5.2.1998 in Davos, S. 2.

geradezu scheußlicher Konkurrenzkampf zwischen dem bekannten Sterbehelfer-Arzt Julius Hackethal und Hans Henning Atrott, Präsident der Deutschen Gesellschaft für Humanes Sterben (DGHS), um die querschnittgelähmte Bankangestellte Dinah Friedmann, 27, ausgebrochen, die am 23. Dezember 1987 an einer tödlichen Dosis Zyankali starb. Hier in diesem Fall ist die Ehrfurcht vor dem menschlichen Leben schon längst auf der slippery slope in Untiefen der Inhumanität abgestürzt und die Hilfe zu einem humanen Sterben wurde zu einem selbstsüchtigen auf Video dokumentierten Töten.[318] Die Verhaftung von Atropp (s. oben) bestätigt die Gefahren, die drohen, wenn unter dem Deckmantel der Nächstenliebe eine tendenziell „kriminelle" Vereinigung entstehen kann.[319]

Auch in der Schweiz trat EXIT mit einer gewissen Aggressivität auf. So in einer Zeitungsanzeige: „Fassen Sie diesen Beitritt als Solidaritätskundgebung auf: Je älter ich werde, desto mehr ärgert mich die Anmaßung von Kirche, Staat, Ärzten und falschen Moralisten, was den Tod anbelangt." Ich bin jedoch davon überzeugt, dass EXIT auch ohne solche Töne auf ihre berechtigten Anliegen aufmerksam machen könnte. Inzwischen ist dies auch geschehen.

„Tötung auf Verlangen" geht von der **Selbstbestimmung** und der Autonomie der einzelnen Person aus. „Schließlich gebietet uns das Prinzip des Respekts vor der Autonomie, rational handelnden Personen ihr eigenes Leben zu lassen, gemäß ihren autonomen Entscheidungen, frei von Zwang und Einmischung; wenn aber rational handelnde Personen autonom entscheiden, dass sie sterben wollen, dann muss uns der Respekt vor der Autonomie dazu veranlassen, ihnen zu helfen, dass sie so handeln können, wie sie sich entschieden haben."[320] Ist ein solcher Entscheid überhaupt möglich und inwiefern kann er das Ergebnis einer wirklich freien und rationalen Entscheidung sein?

---

318 s. Der Spiegel Nr. 8 vom 22.2.88, S. 72ff.
319 s. Der Spiegel Nr. 8, 22.2. 1993, S. 90ff.
320 Peter Singer, Praktische Ethik, Stuttgart 1984 (engl. 1979), S. 193; Helga Kuhse/Peter Singer, Muss dieses Kind am Leben bleiben?, Erlangen 1993; Harry M. Kuitert, Der gewünschte Tod. Euthanasie und humanes Sterben, Gütersloh 1991; drs., Darf ich mir das Leben nehmen?, Gütersloh 1990; Till Bastian (Hrsg.), Denken - Schreiben - Töten. Zur neuen „Euthanasie"-Diskussion, Stuttgart 1990.

Wird durch EXIT nicht ein **Mentalitätswandel** – ein Dammbruch – in der Art bewirkt, dass die Selbsttötung und die Hilfe dazu zum Ersatz für die sicherlich kostspieligere und zeitaufwendigere mitmenschliche Begleitung werden? Nutzenerwägungen, das steht außer Zweifel, dürfen *niemals* einen solchen Entscheid orientieren. In der heutigen Zeit der Machbarkeit, Perfektion, Leistungsfähigkeit, der Aktivität, des Fortschritts, der Nützlichkeit und Funktionalität besteht die Gefahr, menschlichem Leben (im Alter z.b.), welches nicht mehr diesen Anforderungen entspricht, den Suizid zu empfehlen. Die Beihilfe zum Suizid als effizientes Mittel der Kosteneinsparung.

Erzeugt EXIT etwa einen öffentlichen **Erwartungsdruck** (Schwerkranke sollen die Selbsttötung vollziehen), dem sich der Sterbende/die Sterbende mit voller Wucht ausgesetzt sieht und wodurch sich die Freiheit unter der Hand in Zwang verwandelt? Oder löst EXIT gerade das Gegenteil aus, nämlich dass durch das Angebot der Selbsttötungshilfe der Blick geschärft wird für die Notwendigkeit, „den Leidenden und Sterbenden soweit als möglich Gemeinschaft zu gewähren."[321]

Das Sterben ist oftmals ein schrecklicher Prozess, der betroffen macht, den Menschen herausfordert. Durch „Tötung auf Verlangen" wird ein **„eleganter Tod"** propagiert, der durch Patientenverfügungen und Anregungen zum Freitod realisiert werden kann. Eine solche maßgeschneiderte Eleganz des Todes passt in unsere Zeit, in welcher allein das Perfekte einen besonderen Wert hat. In der Freitodhilfe steckt der Gedanke, den eigenen Tod elegant zu managen!

Inwiefern wird durch EXIT die **Unterscheidung** von Todeswunsch und Tötungswunsch genügend beachtet? Der Todeswunsch nämlich ist ein Hilferuf nach Begleitung und darf nicht als Tötungswunsch verstanden werden.

---

321 Robert Leuenberger, Probleme um das Lebensende, in: Handbuch der christlichen Ethik Bd. 2, hrsg. von A. Hertz u.a., Freiburg i. Br. 1978, S. 105.

Der Urteilsentscheid – Orientierungen

Die folgenden Orientierungen nehmen die oben gemachten Überlegungen zusammenfassend auf.

(1) Die Gedanken zum Suizid machen darauf aufmerksam, dass es einen Wunsch nach Suizid gibt, der nicht pathologisiert werden darf. Es gibt eine spezielle Selbstbestimmung im Suizid.

(2) Die Integration der Argumente betrachtet das Mitleid, die Selbstbestimmung und den Schutz des Lebens als gleichwertige Argumente, die relational gesehen und nicht auseinandergerissen werden dürfen.

(3) Die verschiedenen Fälle verweisen auf die Gefährlichkeit des Mitleids – tödliches Mitleid – wie auf dessen ethische Dignität und die Sterbehilfeorganisationen sind äußerst kritisch zu betrachten.

Daraus ergeben sich die folgenden Orientierungen:

(1) Die Unterscheidung von Todeswunsch und Tötungswunsch

Immer wieder begegnet man bei über längere Zeit schwer leidenden Menschen dem Wunsch, streben zu können und zu dürfen. Gleichzeitig ist jedoch zu beobachten, dass ein noch so intensiver Todeswunsch nicht gleichgesetzt werden darf mit einem Tötungswunsch. Das heißt, Erfahrungen mit Patienten zeigen, dass ein deutlicher Unterschied zwischen einem Todeswunsch und einer Bitte um Beihilfe zur Selbsttötung gemacht werden muss. Wo dieser Unterschied verwischt wird, da wird vernachlässigt, dass der Todeswunsch immer auch ein Schrei nach Hilfe ist, nach Zuwendung statt Tötung.

(2) Zuwendung statt Tötung

Man hat die Tatsache zu berücksichtigen, „dass die Forderung, menschliches Leiden abzukürzen und ein scheinbar sinnlos gewordenes Leben zu beenden, in den weit überwiegenden Fällen nicht von den Leidenden selbst erhoben zu werden pflegt, sondern von den Gesunden." Der Wunsch nach Selbsttötung kann also in einem hohen Masse außengeleitet und die Folge eines fehlenden oder unzureichenden Sterbebeistandes sein. Daraus folgt: „Solange ein Mensch Gemeinschaft mit andern erfährt, ist er in der Regel auch fähig und willens, Leiden zu ertragen."[322] Oder anders formuliert: In einer Gemeinschaft der intensiven personalen Zuwendung wird auch ein schwer leidender Mensch sein Leben als sinnvoll erfahren. Das heißt, dass durch die Erfahrung der Mitmenschlichkeit das Leiden aushaltbar und tragbar wird.

(3) Selbsttötungshilfe als allerletzte (= ultima ratio) Möglichkeit?

Die Hilfe beim Sterben (Beistand, seelsorgerliche Begleitung) hat einen grundsätzlichen Vorrang vor der Hilfe zum Sterben (Selbsttötungshilfe). Genau hier muss jedoch auch gesagt werden: Trotz aller Mitmenschlichkeit kann ein schwer Leidender/eine schwer Leidende sein Leben als sinnlos empfinden, als nicht mehr lebenswert. Wenn aber ein Mensch (dem jegliche Handlungsfähigkeit zerstört worden ist) unter nahezu unerträglichen und für den Außenstehenden trotz allem Mitleiden nicht nachvollziehbaren Schmerzen leidet, keinen Sinn mehr im Leben, sondern nur noch in einem schnellen Tod erblickt, dann gebietet die Achtung vor dem Menschen, diesen Wunsch nach Beendigung des eigenen Lebens ernst zu nehmen. Denn ein Terror der Humanität kann gerade auch darin bestehen, dass Außenstehende dem/der Betroffenen sagen, worin der Sinn seines/ihres Lebens zu bestehen habe. Zur Würde des Menschen gehört, den anderen Menschen nach der ihm für sinnvoll erachteten Weise leben und sterben zu lassen. Damit habe ich die Selbsttötungshilfe als letzte Möglichkeit angesprochen und dies bereits auch in einem Text des Institut für Sozialethik des Schweizerischen Evangelischen Kirchenbundes (1989) ausgeführt:

> „Wenn menschliches Leben so geworden ist, dass dem Betroffenen nichts mehr übrigbleibt, als das Leben rein passiv zu empfangen und unter den größten Schmerzen zu erdulden, dann darf, kann und „muss" gerade auch der Theologe/die Theologin von einem „Sterben-Dürfen" sprechen. Konkret: Auch wenn das Leben eine **Gabe** Gottes ist, so kann daraus nicht per Analogieschluss gefolgert werden, dass der konkrete Lebenssinn z.B. der oben erwähnten D. Friedmann eben darin bestehe, ihr höchst schmerzvolles Leben nun als reine **Gabe** zu verstehen[323] und sie damit zu einem verzweifelten

---

322 a.a.O., S. 11, 12. Siehe dazu die umfassende Palliativmedizin/Palliative Care/Netzwerk für Palliative Medizin, Pflege und Begleitung in Zürich, Stellenleiterin Claudine Freudiger, Seebahnstraße 231, 8004 Zürich 01/240 16 20 (email: pallnetzbluewin.ch). TA 16.2.2001, S. 17.
323 s. dagegen H. Ringeling, Handlungsfähigkeit, a.a.O., S. 259.

Leben-Müssen zu zwingen. Hier besteht dann die Gefahr, das Leiden nicht ernstzunehmen und eine ebenso große Gefahr ist die theologische Glorifizierung des Leidens und Ausharrens. Zur Gnade und Barmherzigkeit im Sinne des christlichen Glaubens dagegen gehört ganz fundamental, das „Nicht-mehr-leben-können" zu akzeptieren und das „Sterben-Dürfen" als ein Handeln aus der Fülle (Personsein, personales Entscheiden-Können, Mitmenschlichkeit) des von Gott geschenkten Lebens zu begreifen.[324] Die Mithilfe bei der Selbsttötung gehört somit in die „Logik der Gnade und Barmherzigkeit", wobei der diese Hilfe-Handlung Ausführende mit hineingenommen wird in das Sterben und den Tod und dadurch mit Sinnfragen, Schuld, Gewissensbissen und Angst konfrontiert wird. Diese grundsätzlichen Überlegungen können in die folgende Orientierung gefasst werden: **Wenn das physisch-psychische Leiden trotz der Einbettung in medizinische Schmerzlinderung und seelsorgerlichen Beistand so groß ist, dass es subjektiv nicht mehr zu ertragen ist und wenn dadurch die Leidensfähigkeit als Grundexistential menschlichen Daseins (Leidensfähigkeit ist die Voraussetzung menschlicher Subjektivität, Personalität und Sinnhaftigkeit)**[325] **durch eben überstarken und nicht mehr zu lindernden Schmerz zerstört wird und sich damit eine totale Sinnlosigkeit einstellt, dann gibt es keinen Grund, dem Leidenden die wirklich gewünschte Selbsttötung nicht zu ermöglichen helfen.**[326] Gegen diese „Norm" kann vorgebracht werden und wird auch, „dass das Leben eines Menschen auch dann noch sinnvoll sein kann, wenn es einen Appell an die Mitmenschen zur Realisierung einer selbstlosen Liebe richtet."[327] Dieser „soziale Sinn" muss als zynisch

---

324 Recht auf Leben. Medizinische, juristische, theologische und ethische Gesichtspunkte, Schweizerischer Evangelischer Kirchenbund SEK, April 1985, S. 30-35. Die „Norm"/Orientierung selbst ist in: Helmut Kaiser, Sterbehilfe - Zwischen Sterbebegleitung und Hilfe zum Sterben, ISE Texte 2/89, S. 8f. (Welchen Stellenwert solche Texte des Instituts für Sozialethik/ISE für das Reden des SEK haben, das muss ich hier offen lassen.)

325 s. H. Ringeling, Maximen der ärztlichen Verantwortung in Grenzfällen, in: Menschlich sterben - christlich sterben, a.a.O. S. 105.

326 „Es kann nicht geleugnet werden, dass in Ausnahmefällen bei gewissen Menschen der Selbsttötungswunsch auch unter besten Behandlungs- und Betreuungsbedingungen bestehen bleibt und nicht Ausdruck einer Depression ist." (Ruth, Baumann, Neue Zürcher Zeitung, 6./9. November 2000. R. Baumann argumentiert als theologische Ethikerin gegen den Entscheid der Zürcher Regierung, Suizidbeihilfe in Altersheimen zuzulassen.)

327 Alfons Auer, Die Unverfügbarkeit des Lebens und das Recht auf einen natürlichen Tod, in: drs. u.a., Zwischen Heilauftrag und Sterbehilfe, a.a.O., S. 27. Auf meinen Aufsatz im RF 13/88 (Zwischen Sterbebegleitung und Hilfe zum Sterben) wurde von Martin Müller (RF 16/21.4.1988, S. 10) kritisiert, dass mit keinem Wort das Leiden, Sterben und die Auferstehung Jesu Christi erwähnt wird. Diese christologische Argumentation bedeutet, dass uns Gott auch im schwersten Leiden nicht verlässt, dass wir immer in seiner guten Hand bleiben. Dann wörtlich: „Aus dieser Sicht heraus möchte ich auch Schwerstleidende ermutigen, auf Gottes Nähe zu vertrauen und ihr Leben trotz allem zu bejahen." Martin Müller wird niemanden verurteilen, der in der Verzweiflung seinem Leben ein Ende setzen will oder wer andern Beihilfe zur Selbsttötung leistet. Auch wenn M. Müller aus der Botschaft von Gottes Liebe und Treue niemals eine Recht auf Suizid/Suizidbeihilfe ableiten kann, so stellt er Fragen, die eine Möglichkeit der Suizidbeihilfe nicht ausschließen: „Können wir denn in solchen Ausnahmesituationen nicht zugeben, dass wir am Ende unserer menschlichen Möglichkeiten sind und Gott unsere einzige Hoffnung ist? Und ist es nicht besser, mit dem

empfunden werden, wird der Betroffene doch dadurch verzweckt und als Mittel im Sinne einer guten Möglichkeit zur Verwirklichung einer tätigen Liebe gebraucht, besser missbraucht. Das Verdikt von I. Kant über eine solche Denkweise – hoffentlich keine spezifisch christliche – ist unmissverständlich und kategorisch: Du sollst den Menschen niemals bloß als Mittel brauchen."[328]

Die Hilfe zur Selbsttötung ist aufgrund obiger Überlegungen eine theologisch-ethische Möglichkeit,[329] die jedoch bewusst mit viel Vorsicht, Behutsamkeit und Zurückhaltung formuliert wurde, besteht doch gerade in der heutigen Zeit der Machbarkeit, Perfektion, Leistungsfähigkeit, Aktivität, des Fortschritts, der Nützlichkeit und Funktionalität die Gefahr, menschliches Leben, das nicht mehr diesen Anforderungen entspricht, als unwert zu bestimmen. Es wurde ganz bewusst von einer theologisch-ethischen Möglichkeit gesprochen, weil die Selbsttötungsbeihilfe immer in der unaufgebbaren Spannung von Selbstbestimmung auf Suizid und Schutz des Lebens/Erhaltung des Lebens geschieht. Die Möglichkeit der Selbsttötungsbeihilfe ergibt sich allein aus dem theologischen Gott-Mensch-Verständnis von Menschsein, für welches die Spannung zwischen Unverfügbarkeit und Verfügbarkeit über das Leben eine unauflösbare Spannung bleibt.

Selbsttötungshilfe in Institutionen der Langzeitpflege

Nachdem ich die theologisch-ethische Möglichkeit der Suizidbeihilfe eröffnet, die Sterbehilfeorganisationen kritisch-würdigend aufgenommen habe, bleibt die Frage nach der Erlaubtheit der Selbsttötungshilfe in Institutionen der Langzeitpflege. Damit sind weder psychiatrische Kliniken noch Spitäler gemeint, sondern eben „Altersheime".

Gekreuzigten zusammen auszuharren bei den so schwer Leidenden?" Gerade bei diesem „besser sein" können wir zum Schluss kommen, dass es eben besser ist, sein Leben selbstbestimmt zu beenden.

328 I. Kant, Grundlegung zur Metaphysik der Sitten, Werkausgabe Bd. VII, hrsg. von W. Weischedel, Frankfurt a.M. 1978, S. 61.

329 s. Walter Jens/Hans Küng, Menschenwürdig sterben. Ein Plädoyer für Selbstverantwortung, München u. Zürich 1995.

(1) Das Ethos der Altersheime als rein medizinische Institution

Wenn Charles Chappuis die Geriatrie als einen Zweig der Medizin[330] betrachtet und Altersheime praktizierte und gelebte Geriatrie darstellen, dann ist das Ethos eines Altersheimes klar: „Grundsätzlich hat der Arzt die Pflicht, dem Patienten in jeder Weise beizustehen, sein Leiden zu heilen oder zu lindern und sich um die Erhaltung menschlichen Lebens zu bemühen." Dabei gehören zu diesem Ethos die folgenden Grundsätze:

- Der Arzt darf palliativ-medizinische Techniken anwenden, auch wenn sie in einzelnen Fällen mit dem Risiko einer Lebensverkürzung verbunden sein sollten.

- Aktive Maßnahmen zum Zwecke der Lebensbeendigung sind verboten.

- Beihilfe zum Suizid ist kein Teil der ärztlichen Tätigkeit.[331]

Wenn sich also Institutionen der Langzeitpflege ausschießlich als Systeme des Gesundheitswesens verstehen oder so juristisch organisiert sind, dann heißt dies: Beihilfe zum Suizid ist in solchen Altersheimen, weil der Suizid keine ärztliche Tätigkeit darstellt, nicht erlaubt. Da sich nun aber die Langzeitpflegeinstitutionen, die Seniorenheime, die Altersheime keinesfalls als bloß medizinische Geriatrie-Institutionen verstehen, sondern als Häuser, in welchen die BewohnerInnen selbstbestimmt wohnen und leben können, trifft dieser ärztliche Ethos eben nicht grundsätzlich zu. Es besteht zwischen Haus und BewohnerIn ein Vertragsmodell, welches die Selbstbestimmung als grundlegend betrachtet. Insofern gilt ethisch das in der obigen Grundlegung oben Ausgeführte.

---

330 Charles Chappuis, Geriatrie und Sterbehilfe - Assistenz zum Tod, in: Adrian Holderegger (Hrsg), Das medizinisch assistierte Sterben. Zur Sterbehilfe aus medizinischer, ethischer, juristischer und theologischer Sicht, Freiburg CH/Wien 2000 (2. Aufl.), S. 242-257.
331 So Medizinisch-ethische Richtlinien für die ärztliche Betreuung sterbender und zerebral schwerst geschädigter Patienten vom 24.2.1995 der Schweizerischen Akademie der medizinischen Wissenschaften.

(2) Das Altersheim mit einem integrativen Ethos

Wenn ich nur das neue Leitbild des oberländischen Krankenheimes in Spiez aufnehme, dann kommt in diesem ein ganzheitlicher Ethos zum Ausdruck, wenn es dort heißt:

- „Der Mensch mit seinen körperlichen, seelischen, kulturellen und sozialen Bedürfnissen steht bei uns im Mittelpunkt."

„Unsere HeimbewohnerInnen sollen sich dank hoher Autonomie und bewahrter Würde wohlfühlen. Wir gehen auf ihre Bedürfnisse ein."

In diesen Leitbildsätzen wird der aufgeklärte, der selbstbestimmte, der informierte Mensch angesprochen. Die von mir aufgezeigte Möglichkeit der Beihilfe zum Suizid ist mit diesen Leitbildaussagen kompatibel! Insofern ist es aus meiner ethischen Perspektive möglich, dass ein Altersheim die Beihilfe zum Suizid erlaubt, wenn dies mit dem entsprechenden Leitbild verträglich ist. Dies muss vorab so formuliert und kommuniziert werden.

(3) Eine menschenwürdige Ausgestaltung der Beihilfe zum Suizid

Die ethische Bejahung der Beihilfe zum Suizid in Altersheimen muss die menschenwürdige Ausgestaltung der Beihilfe reflektieren. Dazu gehört m. E. mit Bezug auf Charles Chappuis – wobei dieser diese Gedanken gegen die Suizidbeihilfe ausführt:[332]

- Lebensphasen erleben können (Jeder Stufe liegt ein Zauber inne: H. Hesse).

- Sinn in diesen Phasen erleben können.

- Krankheit als Sinnsuche und Sinnfindung aufnehmen.

- Über sich selbst reflektieren können.

Es kann gerade die Phase des Sterbens und des bewusst gewählten Todes zu einer besonders intensiven Sinnerfahrung werden, wenn sie unter diesen Gesichtspunkten gestaltet wird. Eine Aufgabe der Seelsorge müsste so darin

---

[332] Charles Chappuis, Geriatrie und Sterbehilfe, a.a.O. S. 252.

bestehen, eine Seelsorge bei der Beihilfe zum Suizid zu konzipieren. Damit ein solcher Raum überhaupt entstehen kann, müssten Rahmenbedingungen wie die der Zürcher Regierung formuliert werden, welche Missbräuche verhindern:

> „In den Spitälern ist die Durchführung von Suiziden mit Hilfe einer Sterbehilfeorganisation nicht zulässig, wobei jedoch das Besuchsrecht nicht eingeschränkt wird. Für die Spitäler erscheint mir eine solche restriktive Lösung vertretbar zu sein, da es den Patientinnen und Patienten in aller Regel zuzumuten ist, für die Durchführung des Suizids aus dem Spital auszutreten.
>
> In den Kranken- und Altersheimen hingegen ist die Durchführung des Suizids im Heim grundsätzlich möglich, sofern die betreffende Person im Heim wohnt, also kein eigenes Zuhause mehr hat. Besteht jedoch noch ein eigenes Zuhauses, so hat die suizidwillige Person aus dem Heim auszutreten, wenn sie an ihrem Suizidwunsch festhalten will.
>
> Um Missbräuche zu vermeiden haben wir Schutzmaßnahmen vorgesehen, die in Zweifelsfällen zum Zug kommen. Bestehen Zweifel an der Urteilsfähigkeit der suizidwilligen Person, wird Druck von Dritten (z.B. Verwandten) vermutet oder erscheinen andere Betreuungsmaßnahmen als angezeigt, so prüft ein unabhängiges Team, das aus einer Ärztin oder einem Arzt sowie einer Pflegefachperson besteht, die Situation. Je nach Resultat der Prüfung ist dann die Durchführung des Suizids im Heim möglich oder nicht. Sind jedoch von Anfang an keine Zweifel im erwähnten Sinne vorhanden, so ist auch keine Prüfung durch ein unabhängiges Team erforderlich. Auf jeden Fall sucht jedoch die Leitung der Institution mit der suizidwilligen Person das Gespräch und empfiehlt ihr den Beizug einer unabhängigen Fachperson. Außerdem werden die zurückbleibenden Mitbewohnerinnen und Mitbewohner sowie die Angehörigen nach der Durchführung eines Suizids begleitet und betreut. Bei psychisch Erkrankten ist Suizid unter Beihilfe einer Sterbehilfeorganisation generell ausgeschlossen."[333]

Diese restriktiven und verfahrensmäßigen Bedingungen widerlegen zunächst das Dammbruch-/Slippery-slope-Argument, ändern jedoch nichts an der Tatsache, dass durch die Zulassung der Suizidhilfe in Altersheimen ein „Kulturwechsel" stattfindet, der ethisch verantwortet werden kann, jedoch kommuniziert und laufend ethisch evaluiert werden muss. Zum Kulturwechsel unter dem Gesichtspunkt elementarer Werte: Grundsätzlich dürfte es richtig sein, dass durch die Ermöglichung der Suizidhilfe im

---

[333] Medienkonferenz Beihilfe zum Suizid vom 26. Oktober 2000: Wunsch nach Suizid in den Einrichtungen des Gesundheits- und Umweltdepartements - Vorstellung der neuen Regelung/Stadtrat Robert Neukomm.

Altersheim eine Entkrampfung und Entlastung stattfindet, dass über Sterben und Tod bewusster nachgedacht wird (Kultur des Sterbens), eine weitgehende Transparenz und Kontrolle erreicht wird und die effektive Nachfrage nach Freitodhilfe abnimmt. Insofern darf auch die Vermutung geäußert werden, dass durch die vorgeschlagene differenzierte Lösung die Wertschätzung des Menschen im Altersheim nicht gefährdet, vielmehr eine neue Qualität erhält. Das heißt: Die Zulassung der Suizidbeihilfe darf keinesfalls als Indiz eines Zerfalls von ethischen Werten wie Menschenwürde und Ehrfurcht vor dem Leben gesehen werden, vielmehr können klare Regelungen wie die oben vorgeschlagenen und im Zürcher Stadtparlament bestätigten genau diese Werte stärken helfen.[334]

Damit sind zugleich Kriterien der Evaluation angesprochen. Die Ethik, welche Neues wagt, Risiken eingeht, sich dabei der Würde des Menschen verpflichtet (Selbstbestimmung und Schutz des Lebens), fordert damit die Institutionalisierung einer solchen ethisch-fachlichen Qualitätssicherung.

Zusammenfassung oder die Forderung nach Evaluation, Kritik und Mitbestimmung

In fünf Punkten werde ich meine Überlegungen zusammenfassen, welche die ethische Möglichkeit der Beihilfe zum Suizid eröffnen, gleichzeitig den partizipativen und selbstbestimmten Gesichtspunkt fordern.

(1) Wir sind in einem hohen Masse auf das Leben konzentriert und üben uns in der vielfältigen Kunst des Lebens und setzen alle nur erdenklichen Mittel zu dessen Erhaltung ein. Wohl wissen wir, dass wir sterblich sind und die Unsterblichkeit eine Illusion ist. Doch über die Art und Weise des Sterbens machen wir uns wenig Gedanken, dafür gibt es weder Übungen noch Trainings. Zur Ehrfurcht vor dem Leben und zur Würde des Lebens gehören jedoch auch der Tod und die Kunst des Sterbens. Wenn ich vom Suizid als einer besonderen „Kunst" des Sterbens spreche, der eine eigene Würde innewohnt, dann meine ich eine Offenheit, welche den Suizid nicht vorab generell pathologisiert, sondern auch als einen Prozess der Freiheit und als

---

334 Der Zürcher Gemeinderat lehnte mit 69 zu 40 Stimmen einen Vorstoß der CVP ab, der die Aufhebung der ab 1. Januar geltenden Regelung vorsah, dass die Beihilfe zum Suizid in den Zürchern Alters- und Pflegeheimen erlaubt ist (TA 8.2.2001, S. 1, 19; NZZ 8.2.2001, S. 41, 46).

Ausdruck eines selbstbestimmten Handelns sehen kann. Dies stellt eine enorme Entkrampfung und Befreiung dar. Es entfällt die Pflicht, leben zu müssen, welcher einer Wissenschaft/Gesinnung/Institution eigen ist, die den Suizid als Krankheit sieht. Genau diese Pflicht, leben zu müssen, kann das präsuizidale Syndrom verstärken, während die *Möglichkeit* einer menschenwürdigen Suizidhilfe eine Befreiung zu Erfahrungen sein kann, die den von Charles Chappuis aufgeführten vier Existenzgrundbedürfnissen entsprechen: Angenommensein, Aktivität, Fortschritt und Entwicklung, Sinnfindung.[335]

(2) In der heutigen Zeit der Machbarkeit, Perfektion, Leistungsfähigkeit, der Aktivität, des Fortschritts, der Nützlichkeit und Funktionalität besteht die Gefahr, menschlichem Leben (im Alter insbesondere), welches nicht mehr diesen Anforderungen entspricht, den Suizid zu empfehlen. Dies wäre eine letzte Kosteneinsparung und würde gut dem Gedanken der Deregulierung und Privatisierung entsprechen. Mit Freiheit hat dies aber rein gar nichts zu tun, jedoch mit einem neoliberalen Denken, welches den Menschen allein unter der Perspektive einer Nützlichkeit sieht, die in Geldeinheiten aufrechenbar ist. Deshalb ist es unabdingbar, die möglichen besonderen Merkmale der Lebenssituation im Alter zu beachten: Isolation, körperliche Gebrechen, Verlust des Ehepartners, möglicher Übertritt in ein Heim. Die Folgen davon: Ein Gefühl, nichts wert zu sein und abgeschoben zu werden; Abhängigkeiten wie in der frühen Kindheit, Einsamkeit, Isolation und Verlust des Selbstwertgefühles. Wenn dies die Gründe für den Wunsch nach einer „Freitod"-Hilfe sind und wenn dann auf diesen Wunsch eingegangen wird, dann ist ein Abgleiten in eine ethisch nicht vertetbare Praxis geschehen. Dann steht die Würde des Menschen nicht bloß in Gefahr, sie ist bereits zerstört.

Diese Slippery-slope-Argumentation, welche auch beinhaltet, dass durch die Freitodhilfe eine generelle ethische Verrohung eintritt, muss zugleich bedenken, dass es voreilig ist, die Suizidbeihilfe generell als „Missachtung des Wertes des Lebens oder als fehlende Ehrfurcht vor dem Leben zu deuten."[336] Der Wunsch nämlich, „endlich Frieden und Ruhe" – in der

---

335 Charles Chappuis, Geriatrie und Sterbehilfe, a.a.O. S. 254f.
336 So Jean-Claude Wolf, Der intendierte Tod, in Bezug auf die aktive und direkte Tötung im Bereich des Sterbens, in: Adrian Holderegger (Hrsg.), Das medizinisch assistierte Sterben, a.a.O., S. 87ff. (S. 77-97).

Psychotherapie verstanden als regressive Abwehr des schmerzhaften und hilflos ohnmächtigen Erlebens[337] – haben zu wollen, kann eine freie Willensäußerung zum Tode darstellen. Dann gilt der ethisch-rechtliche Grundsatz: Voluntas aegroti suprema lex (der Wille des „Kranken" ist das höchste Gesetz).

(3) In der modernen, pluralen, durch die Menschenrechte grundgelegten demokratischen Gesellschaft gibt es ein Grundrecht auf Selbstbestimmung, d.h., dass das Prinzip der Autonomie einen der höchsten Stellenwerte beansprucht. Wer in Bezug auf Selbstbestimmung abwertend von einem „gegenwärtigen Hohelied auf die Selbstbestimmung" spricht und dann meint, dass unser Leben immer einen „Rest von Unverfügbarkeit" hat, der nimmt die Selbstbestimmung bei aller verbaler Anerkennung eben doch nicht ernst und gleitet ab in eine Tabuisierung des Lebens, womit ein verstehender Zugang zu einer menschenwürdigen Problemlösung verstellt ist.[338] Die Selbstbestimmung als legitimer Anspruch des Einzelnen bedeutet nämlich für die Beziehung von Arzt und PatientIn, dass das Modell des wohlinformierten Patienten den fürsorglich gebietenden Arzt ersetzt hat.[339] Damit wird der selbstbestimmte Wille des Einzelnen, sich von einem unerträglichen Leiden befreien zu wollen und dabei Hilfe in Anspruch zu nehmen, nicht zu einem rechtlichen Anspruch auf Freitodhilfe, jedoch zu einem Bedürfnis, das geschützt werden und ausgestaltet werden sollte.

(4) Wenn das Prinzip „Schutz des Lebens" an sich keine hinreichende Begründung für die *Ablehnung* der Suizidbeihilfe und das Prinzip der Selbstbestimmung auch kein hinreichendes Argument *für die Suizidbeihilfe*

---

337 so Teising, Martin, Psychotherapeutische Intervention bei suizidalen älteren Menschen, in: Nikola I. Jovic/Ambros Uchtenhagen (Hrsg), Psychotherapie und Altern, Fachverlag AG Zürich, 1995, S. 154 (S. 151-162). Nikola I. Jovic/Ambros Uchtenhagen (Hrsg), Psycho-Geriatrie, Fachverlag AG Zürich, 1988.
338 S. Christian Kissling in einem Gespräch: Pfarrblatt Bern, Nr. 5/27.1.2001, S. 2. Siehe zur Tabuisierung und zur Modellverschiebung: Adrian Holderegger (Hrsg.), Vorwort, in: Das medizinisch assistierte Sterben, a.a.O., S. 13-18.
339 Die Selbstbestimmung, das kann hier ausgeführt werden, ist für mich ein wichtiges Argument gegen die Fremdtötung auf Verlangen bzw. gegen aktive Sterbehilfe. Die heutige Rechtslage in den Niederlanden z.B. sagt nämlich, dass der Arzt und nicht der Patient die Verantwortung pro oder contra Lebenserhaltung trägt. Er entscheidet, wann Schmerzen unzumutbar und unerträglich sind. Insofern erhalten die Ärzte eine umfassende Macht, die dem Gedanken eines vertragsorientieren Arzt-Patientenverhältnis widerspricht (Hans Giger, Reflexionen über Tod und Recht, a.a.O., S. 239; Martin Dornberg, Aktive Sterbehilfe in Holland - kritische Aspekte der Medizinethik, in: Franz Josef Illhardt u.a., Sterbehilfe - Handeln oder Unterlassen, a.a.O., S. 85/S. 83-89).

darstellt und das Mitleid ebensowenig isoliert die Suzidbeihilfe begründen darf, wenn vielmehr allein die Integration dieser drei Argumente einen Urteilsentscheid orientiert, dann könnte allein noch das Dammbruchargument (schiefe Bahn, slippery slope) ein Verbot der Suizdbeihilfe begründen (= Frage des Konsequentialismus).[340] Mit dieser Begrifflichkeit ist gemeint, dass durch die Zulassung der Suizidbeihilfe eine ethische Verrohung eintritt, die Würde des Menschen zerstört wird. Das heißt dann aber: Wenn aufgrund klar formulierter Sicherheitskriterien verhindert wird, dass ein solcher Dammbruch eintritt, dann spricht das Dammbruchargument nicht für ein striktes Verbot der Suizidbeihilfe, „sondern für eine strikte Begrenzung auf Extremfälle."[341] Somit gilt: Wenn die Beihilfe zum Suizid beschränkt wird auf klar definierte Ausnahmesituationen (irreversibler Leidenszustand) mit klar definierten Bedingungen,[342] die kategorisch alle ohne Ausnahme erfüllt sein müssen, dann wird eine solche Beihilfe zum Suizid die Würde des Menschen und seine Autonomie sowie der Schutz des Lebens nicht gefährden, diese zur conditio humana gehörenden Prinzipien erhalten vielmehr durch eine würdige Suizidhilfe eine besondere Dignität.

Unabdingbar ist, dass die Einhaltung dieser Bedingungen permanent beobachtet werden muss. Das heißt: Beim leisesten Verdacht einer ungenügenden Abklärung der Urteilsfähigkeit des Heimbewohners bzw. der Heimbewohnerin, bei Problemen mit einer Sterbehilfeorganisation, bei Druckversuchen von außen oder beim Versagen der Kontrollmechanismen muss dieses Handlungsmodell storniert und evaluiert werden.[343]

---

340 Ich meine, dass mein ethischer Ansatz bei der Integration der drei Argumente dem Konsequentialismus (eine rationale Begründung von Normen nimmt vor allem auf Handlungsfolgen Bezug) eine zentrale Bedeutung zumisst. (s. dazu auch Jean-Claude Wolf, Der intendierte Tod, in: Adrian Holderegger, Das medizinisch assistierte Sterben, a.a.O., S. 96ff.).

341 Damit befinde ich mich in Übereinstimmung mit Dieter Birnbacher, Recht auf Sterbehilfe - Pflicht zur Sterbehilfe? in: Franz Josef Illhardt/Hermann Wolfgang Heiss/Martin Dornberg (Hrsg.), Sterbehilfe - Handeln oder Unterlassen?, Stuttgart 1998, S. 132 (S. 125-135).

342 (1) Der PatientInnenwunsch nach Suizid beruht nicht auf psychischer Krankheit. (2) Der Patient/die Patientin vermag die Tragweite seiner/ihrer Entscheidung zu überblicken. (3) Die Entscheidung zum Suizid ist subjektiv wohlerwogen. (4) Die Entscheidung ist objektiv nicht unberechtigt (beruht nicht auf Fehlinformationen oder falschen Erwartungen, z.B. Fehleinschätzungen der therapeutischen und palliativen Möglichkeiten, dem Patienten/der Patientin das Weiterleben erträglich zu machen (so wörtlich Dieter Birnbacher, Recht auf Sterbehilfe - Pflicht zur Sterbehilfe?, in: a.a.O. S. 132).

343 So NZZ 8.2.2001, S. 41. Dazu gehört längerfristig eine Berichterstattung nach zwei, vier, sechs Jahren.

(5) In der aktuellen ethisch-philosophischen Diskussion wird darauf hingewiesen, dass der Arzt/die Ärztin aufgrund seiner/ihrer medizinischen Kompetenzen am ehesten geeignet sind, die oben genannten Bedingungen *mit*-abschätzen und *mit*-erfüllen zu können. Der ärztliche Widerstand gegenüber der Suizidbeihilfe wird deshalb als nicht nachvollziehbar bezeichnet und es wird dann ausgeführt: „Sterbehilfe und Beihilfe zum Suizid sind Beispiele dafür, wie der Konservatismus der Standesethik zunehmend in Konflikt gerät mit dem Anspruch der Gesellschaft auf eine Neudefinition der ärztlichen Rolle, nach der der Arzt nicht mehr nur Heiler und Lebenserhalter, sondern auch Helfer ist, der seine Hilfe nicht nur nach selbstgesetzten, sondern auch nach den jeweils individuellen Maßstäben des Patienten bemisst. Wie lange wird sich der ärztliche Stand diesem gewandelten Anspruch widersetzen können."[344]

Diese Frage muss ich hier offenlassen, doch gilt es zu bedenken, dass ein Ja zur Suizidbeihilfe bei gleichzeitiger Kritik an Sterbhilfeorganisationen zur Auffassung führt, dass die Aufgabe des Arztes auch daran besteht, Helfer zu einem humanen Tod zu sein.

Damit ist meine Urteilsfindung „abgeschlossen" in dem Sinne, dass sie jetzt der Diskussion und Kritik übergeben wird. Wichtig dabei ist mir, dass ich die methodischen Voraussetzungen meiner Urteilsbildung nochmals explizit nenne. Es sind zunächst deren drei:

(1) Die erste besteht in der *Anwendung der ethischen Theorie der Urteilsfindung* mit ihren speziellen Schritten, wobei sofort gesagt werden muss, dass diese Theorie auf dem beschränkt zur Verfügung stehenden Raum nur rudimentär angewendet werden konnte. Aber auch so leistete diese Theorie den Aufweis von zentralen Argumenten in dieser Sache und stellte die Frage, wie mit diesen umgegangen werden soll. Die zweite methodische Voraussetzung klärt diese Frage.

(2) Die zweite besteht in der *Integration* der drei Argumente Selbstbestimmung, Schutz des Lebens und Mitleid. Diese Integration und Gleichgewichtung der drei Argumente führt mit Notwendigkeit zu

---

344 Dieter Birnbacher, Recht auf Sterbehilfe - Pflicht zur Sterbehilfe? a.a.O., S. 134.

Orientierungen, welche eine isolierte einzelne Argumentation nicht zulässt und leistet. Eine solche Integration fragt gerade auch nach den Folgen von Argumenten.

(3) Die dritte ist die konsequente Anwendung des *konsequentialistischen Denkens*, welches hartnäckig, radikal, kritisch und sachgerecht nach den Folgen einer Handlung fragt und somit eine rein gesinnungsethische Haltung überwindet, die von bösen Handlungen an sich spricht (Suizidbeihilfe ist Mord), sich aber nicht von möglichen positiven Folgen überzeugen lässt: Suizidbeihilfe kann die Würde des Menschen fördern!

Diese drei methodischen Voraussetzungen überwinden rein gesinnungsethische Haltungen (Suizid ist Selbstmord, Freitodbeihilfe ist Mord; Feitodbeihilfe ist eine Geschenk, Freitodbeihilfe ist Erlösung) und versuchen, die Folgen einer Handlung in Beziehung zu setzen mit den grundlegenden ethischen Werten wie Selbstbestimmung, Ehrfurcht vor dem Leben, Menschenwürde.[345]

(4) Für das weitere Vorgehen möchte ich eine vierte Voraussetzung meines/des ethischen Denkens bestimmen: Die vorliegende Urteilsfindung eines Einzelnen ist in den Kontext eines argumentativen und dialogischen Verfahrens zu stellen. Das heißt: Es ist unabdingbar, dass ethische Grundentscheidungen wie die vorliegenden in demokratische Entscheidungsprozesse integriert und übergeführt werden, dass umfassende, konfliktreiche und wahrhaftige Diskurse geführt werden müssen.[346]

Zum Schluss möchte ich nochmals auf den Status meiner Überlegungen hinweisen: Es ist ein *Grundlagenpapier* mit der speziellen Fragestellung der *Suizidbeihilfe*.

---

345 Diese Argumentation kann als „deontologische Teleologie" bezeichnet werden (Helmut Kaiser, Die ethische Integration ökonomischer Rationalität. Grundelemente und Konkretion einer „modernen" Wirtschaftsethik, Bern u.a. 1991, S. 238).

346 Die Diskussion in Zürich, der Entscheid im Stadtrat gehört zu diesem Diskurs. Auch die Stellungnahme des Schweizerischen Heimverbandes, der mit Blick auf Zürich darauf hinweist, dass der Suizid nicht salonfähig werden dürfe, jedoch nicht kategorisch nein sagt, sondern sinngemäß ausführt: Wenn jemand absolut nicht vom Sterbewunsch abzubringen ist, soll er ausnahmsweise Suizidbeihilfe in Anspruch nehmen dürfen (Berner Oberländer, 12.2.01, S. 5).

Mit meinem Papier habe ich allein *eine* Fragestellung aufgenommen, andere sind für mich noch offen: aktive Sterbehilfe, Paradigmawandel im Ethos der Ärzte, „Mithilfe" des/der PfarrerIn bei EXIT, Rituale beim Suizid.